出版企业公共关系实务

CHUBAN QIYE
GONGGONG GUANXI SHIWU

胡学亮 著

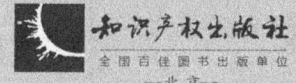

知识产权出版社
全国百佳图书出版单位
—北京—

图书在版编目（CIP）数据

出版企业公共关系实务/胡学亮著. —北京：知识产权出版社，2022.8
ISBN 978-7-5130-7953-2

Ⅰ.①出… Ⅱ.①胡… Ⅲ.①出版业-公共关系学 Ⅳ.①G239.2

中国版本图书馆 CIP 数据核字（2022）第 000258 号

内容提要

本书在传播学、社会心理学、公共关系学、市场营销学学界前辈研究的基础上，运用多学科的相关理论，系统阐述公共关系基础理论、实务操作程序，并附有丰富案例。本书通俗易懂，言简意赅，方便实用，对出版企业开展市场营销特别是公共关系活动有一定的借鉴作用，对于从事编辑出版学专业学习和研究的读者亦有参考价值。

责任编辑：阴海燕　　　　　　　　　　**责任印制：孙婷婷**

出版企业公共关系实务
CHUBAN QIYE GONGGONG GUANXI SHIWU
胡学亮　著

出版发行：	知识产权出版社有限责任公司	网　　址：	http://www.ipph.cn	
电　　话：	010-82004826		http://www.laichushu.com	
社　　址：	北京市海淀区气象路 50 号院	邮　　编：	100081	
责编电话：	010-82000860 转 8763	责编邮箱：	laichushu@cnipr.com	
发行电话：	010-82000860 转 8101	发行传真：	010-82000893	
印　　刷：	北京中献拓方科技发展有限公司	经　　销：	新华书店、各大网上书店及相关专业书店	
开　　本：	710mm×1000mm　1/16	印　　张：	12	
版　　次：	2022 年 8 月第 1 版	印　　次：	2022 年 8 月第 1 次印刷	
字　　数：	200 千字	定　　价：	68.00 元	
ISBN 978-7-5130-7953-2				

出版权专有　侵权必究
如有印装质量问题，本社负责调换。

前言 PREFACE

公共关系学属于传播学范畴，是一门相对年轻的学科，19世纪末诞生于美国。经过一百多年的建设与发展，目前其已在世界范围内成为一门理论相对成熟、实际运用广泛、社会影响巨大的"显学"。公共关系相关职业也成为许多国家特别是发达国家的热门职业。

公共关系作为一种有效的现代传播和沟通工具，在国内受到了越来越多的重视，公共关系教育与培训得到了空前的发展，公共关系意识、公共关系文化已逐渐深入到我国政治、经济、社会的各个领域。例如，我国各级政府部门普遍建立了新闻发言人制度，各类企业在市场营销过程中更加注重自身社会形象建设，加大了各类公共关系活动的力度。

我国的出版社在转企改制之前均属于企业化运作的国有事业单位，带有明显的计划经济色彩，随着中国加入世界贸易组织，外资、民营企业进入出版业（进行出版物批发零售、与出版社合作出书等活动），我国出版社原有的管理体制的弊端越发明显。出版社要做大做强，只有改革一条路。以2004年中国出版集团组建为标志，中国的出版体制开始了改革。目前，除了一小部分出版社保留事业单位性质外，绝大部分出版社已转制为知识服务型企业，一部分出版社还努力"走出去"，在开拓国际市场方面有所建树。

在日益激烈的市场竞争环境中，出版企业经营管理的重要性不言而喻。而作为市场营销重要手段的公共关系，也就更加显示出其对出版企业发展的特殊价值。近年来，我国不少知名出版社如商务印书馆、三联书店、中信出版社、长江出版传媒集团等，根据自身实际和市场形势，开展了许多有特色、有创意的公共关系工作，在企业文化建设、融洽公众关系、引领社会风尚、承担社会责任等方面做了大量工作，产生了良好的社会反响，为出版企业自身营造了健康宽松的发展环境。这些活动大大丰富了出版企业的公共关系实践，对于其他企业的经营管理实践也有一定的参考价值。

本书在传播学、社会心理学、公共关系学、市场营销学学界前辈研究的基础上，运用多学科的相关理论，系统阐述公共关系基础理论、实务操作程序，并附有丰富案例。本书通俗易懂，言简意赅，方便实用，对于出版企业开展市场营销特别是公共关系活动有一定的借鉴作用，对于从事编辑出版学专业学习和研究的读者亦有参考价值。

在写作本书过程中，笔者参考和借鉴了传播学、公共关系学、出版学和市场营销学学术界众多专家教授的学术研究成果，书中所选案例除特别注明外，均来自近年来国内相关出版企业的公共关系实践项目。特此一并致谢。

本书获北京印刷学院优势建设专业编辑出版学项目资助。感谢北京印刷学院新闻出版学院的大力支持！

胡学亮

2022 年 7 月于北京印刷学院

目 录
CONTENTS

第一章　公共关系概说 ································· 1
　　第一节　什么是公共关系 ································· 1
　　第二节　出版企业公共关系的特征 ······················· 11
　　第三节　出版企业公共关系的功能 ······················· 15
　　第四节　公共关系与广告、营销的关系 ··················· 19
　　第五节　出版企业公共关系的基本原则 ··················· 21

第二章　出版企业公共关系组织与从业人员 ·············· 29
　　第一节　公共关系机构 ································· 29
　　第二节　公共关系从业人员 ····························· 36

第三章　出版企业公共关系的主体、客体与手段 ·········· 45
　　第一节　公共关系的主体 ······························· 45
　　第二节　公共关系的客体 ······························· 49
　　第三节　公共关系的手段 ······························· 59

第四章　出版企业公共关系工作程序 ···················· 69
　　第一节　公共关系调查 ································· 69
　　第二节　公共关系策划 ································· 89
　　第三节　公共关系实施 ································ 103
　　第四节　公共关系评估 ································ 106

第五章　出版企业典型公共关系 … 113
第一节　员工关系 … 113
第二节　顾客关系 … 118
第三节　媒介关系 … 124
第四节　政府公共关系 … 129
第五节　社会名人公共关系 … 134
第六节　社区关系 … 138
第七节　国际公共关系 … 140
第八节　网络公共关系 … 144

第六章　出版企业公共关系专题活动 … 151
第一节　庆典活动 … 154
第二节　赞助活动 … 157
第三节　公共关系广告 … 160
第四节　新闻发布会 … 163
第五节　开放参观 … 168
第六节　展会活动 … 169
第七节　危机管理 … 172

参考文献 … 183

第一章 公共关系概说

第一节 什么是公共关系

一、公共关系的概念

"公共关系"这个概念来源于美国的"Public Relations"(PR),直译为"公众的联络",中国学者一般将其翻译为"公共关系"。其实,从工作对象的角度来看,公共关系指的是社会组织(如学校、公司、社团等)与相关公众之间的公开的关系,所以称为"公众关系"更为确切。但由于"公共关系"的称谓已约定俗成,所以还是遵照过去的习惯。

"公共关系"这一概念直到近现代才得以广泛传播。因此,我们可以这样理解公共关系,它实质上指的是现代社会中存在的一种公开的、集体的关系。

二、"公共关系"的一般定义

公共关系的学科属性是传播学,而传播学是19世纪末20世纪初才逐渐形成的一门新兴学科,融合了广告学、新闻学、符号学、政治学、社会学、市场营销学和心理学等诸多学科的内容。正因为如此,究竟该如何定义"公共关系"这一概念,学术界一直莫衷一是。目前已知的公共关系的定义归纳起来,大致可以分为如下几类。

1. 传播说

持"传播说"观点的学者认为,既然公共关系是在社会组织与公众之间进行的,那么这两者之间的沟通联络就应该是其工作的主要内容。因而公共关系在本质上就是一种传播沟通。这种观点在国内外学术界颇有市场。美国著名的公共关系专家詹姆斯·格鲁尼格对此有一个非常简明的说法:"公共关系就是一个组织与他的相关公众之间的传播。"① 英国著名的公共关系学者弗兰克·杰夫金斯指出:"公共关系是由为达到相互理解有关的特定目标而进行的各种有计划的沟通联络所组成的,这种沟通联络处于社会组织与公众之间,既是向内的,也是向外的。"② 享誉世界的《不列颠百科全书》所采用的也是类似的观点,其对公共关系所下的定义是:"旨在传递有关个人、公司、政府机构或其他社会组织的信息,并改善公众对于其态度的种种政策或行动。"③

显然,上述各种定义基本是从公共关系在实践中具体运作特征方面来考虑的,其优点是把公共关系的主体、工作对象和具体运作手段都清楚地表述了出来。

2. 管理说

美国著名的公共关系研究权威斯科特·卡特李普等在《有效公共关系》一书中下了这样的定义:"公共关系是一种管理职能,它确定、建立和维持一个社会组织与决定其成败的各类公众之间的互利关系。"国际公共关系协会则如此定义公共关系:"公共关系是一种管理职能,它具有连续性和计划性。通过公共关系,公立的和私人的社会组织、机构试图赢得同他们有关的人的理解、同情和支持——借助对舆论的估价,以尽可能地协调他们自己的政策和做法,依靠有计划的广泛的信息传播,赢得更有效的合作,更好地实现他们的共同利益。"④ 学者居延安也认为:"公共关系是一个社会组织在运行中,为使自己与公众相互了解、相互合作而进行的行为规范。"⑤

上述各种定义重点强调公共关系的管理职能,认为公共关系是一种信息管理,目的是实现"公立的和私人的社会组织、机构"与"同他们有关的人"的

---

① 李道平,等. 公共关系学 [M]. 2 版. 北京:高等教育出版社,2013:5.
② 同①.
③ 同①:4.
④ 同①:4.
⑤ 居延安. 公共关系学 [M]. 上海:复旦大学出版社,2001:10.

"共同利益",也就是我们通常所说的"共赢"。

有西方学者提出,如果从社会组织与公众的互动关系来看,公共关系实质上是一门"认知管理"学科。认知即人们对事物的看法,是社会组织的无形资产或资本。认知管理是指通过管理公众对事物、出版企业或者个人的看法来使他们改变行为方式和决策,最终获取他们的认同。

3. 关系说

社会关系指的是在一个社会中人与人之间的某种联系,如甲和乙是父子关系,丙和丁是师生关系等,显然这是对人而言的。离开了人的存在和介入,关系就没有任何意义可言。

美国普林斯顿大学教授希尔兹认为:"公共关系是我们所从事的各种活动、所发生的各种关系的统称,这些活动与关系都是公众性的,并且都有社会意义。"[①] 现代公共关系工作的先驱之一、美国著名的公共关系顾问爱德华·伯内斯认为:"公共关系是处理一个团体与公众(决定该团体活力的公众)之间的关系的职业。"英国公共关系学会也有类似的观点,但相对而言要比前两者所下的定义更容易理解一些。它对公共关系所下的定义是:"公共关系的实施是一种积极的、有计划的以及持久的努力,以建立及维护一个机构与其公众之间的相互了解。"[②]

一些持上述观点的学者避开了公共关系的管理职能,偏重公共关系手段的争论,认为公共关系是社会关系的一种,必须从此入手来把握公共关系的实质。但这种从社会关系的角度来定义公共关系的观点,理论思辨的色彩较浓,在公共关系学术界、实务界的影响有限。

4. 技术说

持"技术说"观点的学者认为,公共关系实质上是一种沟通技术。其代表性的说法有"公共关系是一种技术,此种技术在于激发大众对于任何一个人或一个社会组织的了解并产生信任""公共关系是说服和左右社会大众的技术"等。

[①] 张克非. 公共关系学 [M]. 3版. 北京:高等教育出版社,2014:107.
[②] 李道平,等. 公共关系学 [M]. 2版. 北京:高等教育出版社,2013:5.

5. 实践说

"实践说"代表性的定义是美国公共关系协会提出的,"公共关系是指一个人或一个社会组织为获取大众之信任与好感,借以迎合大众之兴趣而调整政策与服务方针的一种经常不断的工作,而公共关系是将此种已调整的政策与服务方针加以说明,以获得大众了解与欢迎的工作"。① 此类的观点还有,"公共关系是一个社会组织用传播的手段使自己与公众相互了解和相互适应的一种活动或职能"。②

上述各种定义是从公共关系的实际操作角度来形象、具体地描述公共关系。严格来说,这类定义并不规范,但比较通俗易懂,有利于对公众宣传和普及公共关系的相关知识。

6. 综合说

美国《公共关系季刊》曾把公共关系的表征综合为14个要点,包括公共关系职能,部门配备,信誉,社会组织形象,行动,公共关系目标,全员公共关系,平等对待公众,及时、全面、真实传递社会组织信息,公共关系艺术的重要性等。我国学者余明阳在其主编的《公共关系学》中对公共关系作了这样的界定:"公共关系是社会组织为了塑造社会组织形象,通过传播、沟通手段来影响公众的科学与艺术。"③

除上述观点外,对于公共关系的定义,学术界还有其他许多形象化的说法,如"公共关系就是促进善意""公共关系就是争取对你有用的朋友""公共关系是创造风气的技术""公共关系就是讨公众喜欢""广告是要大家买我,公共关系是要大家爱我""公共关系是百分之九十靠自己做得对,百分之十靠宣传"等。④

上述各种公共关系的定义,尽管侧重点不同,但都有其合理性,同时也存在着一些不足,主要是包容性上有所欠缺。

1976年,美国公共关系协会雷克斯·哈罗博士在收集和分析了已知的472种

---

① 张克非. 公共关系学 [M]. 3版. 北京:高等教育出版社,2014:107.
② 陶应虎,等. 公共关系原理与实务 [M]. 北京:清华大学出版社,2006:2.
③ 熊源伟. 公共关系学 [M]. 修订版. 合肥:安徽人民出版社,1997:16.
④ 同②.

定义后，对公共关系作了新的表述，这也是迄今为止国际学术界推崇的最完整的公共关系的定义："公共关系是一种特殊的管理职能，它帮助社会组织建立并维持与公众间的双向沟通、了解、接纳及合作；它参与处理社会组织面临的各种问题与纠纷；它帮助社会组织了解公众舆论并作出反应，促进公众了解社会组织和事实真相；它强调社会组织为公众利益服务的责任；它帮助社会组织随时掌握并有效利用变化的形势，预测发展趋势，使之成为社会组织的警报系统；它使用有效、正当的传播技能和研究方法作为主要的工具。"[①]

这个定义把公共关系的属性（一种特殊的管理职能）、目的（帮助社会组织建立并维持与公众间的双向沟通、了解、接纳及合作）、工作内容（参与处理社会组织面临的各种问题与纠纷；帮助社会组织了解公众舆论并作出反应，促进公众了解社会组织和事实真相；帮助社会组织随时掌握并有效利用变化的形势，预测发展趋势，使之成为社会组织的警报系统）、社会责任（为公众利益服务），以及主要工具（使用有效、正当的传播技能和研究方法作为主要的工具）各方面阐述得非常清晰明了，非常全面。目前，这个定义已被世界大多数国家相关的教科书所采用。

以上各种观点是不同历史时期从不同角度的定义，都有其合理性，但也存在概念模糊、本质属性不够鲜明的问题，还有待今后进一步完善。

三、公共关系的基本要素

公共关系的基本要素主要有三个，简称"公共关系三要素"，即主体——社会组织，客体——公众，手段——传播。

社会组织就是指人们为实现一定的目标，互相协作结合而成的社会机构，如党团组织、工会组织、企业、军事组织等。狭义的社会组织专门指人群，运用于社会管理之中。在现代社会生活中，社会组织是人们按照一定的目的、任务和形式编制起来的社会集团，如出版社、报社、期刊社、互联网出版机构就是从事出版活动的社会组织。社会组织是公共关系活动的主体，所有的公共关系活动都是社会组织策划并实施的。在此过程中，社会组织要塑造有实质性内涵的形象，以便赢得公众的了解、认可，为其创造出最有利的运作环境。

---

① HARLOW. Building a public relations definition[J]. Public relations review,1976,2(4):36.

出版业属于一个比较特殊的行业，它包括出版单位、制作单位、印刷复制单位、发行（营销）单位、出版专业教育和科研单位等。它提供的是精神产品，既属于社会文化事业，也属于社会文化产业。也就是说，出版业既要追求社会效益，也要追求经济效益。其文化导向作用非常重要，在我国，"坚持为人民服务，为社会主义服务"是出版工作的根本方针，社会效益始终是排在出版业的第一位的。我国的出版机构长期以来都是作为意识形态的主阵地的事业单位存在的，经过2009年以来国家主导的出版体制改革，目前出版社大致分为两大类：一类是公益性出版单位，如各级人民出版社、民族出版社、盲文出版社等，企事业分开，实行新的运行机制，在本质上依然属于事业单位，主要发挥政治和文化导向作用；另一类是经营性出版单位，建立现代出版企业制度和法人治理结构，实行企业化运作。至于与出版相关的各类民营文化公司、印刷复制企业、营销企业，都是独立经营、自负盈亏的。无论是企业化经营的出版机构，还是公益性出版单位，都需要与公众的沟通。

所谓公众，是指因面临某个共同问题而形成并与社会组织的运行发生一定关系的社会群体。[①] 显然，不同的社会组织有不同的公众，甚至社会组织在不同的时期也有不同的公众，而不同的公众对于社会组织的重要程度也不相同。对于出版企业而言，读者、内部员工、上级主管部门、工商行政管理部门、新闻媒体、所在社区、银行、供应商、销售渠道等都是其公众。

所谓传播，是指"社会信息的传递和反馈"[②]，旨在影响受众的行为和过程。传播者、传播内容、受众、媒介（渠道）和传播效果共同构成传播的五个要素。

对于公共关系而言，传播就是社会组织利用各种媒介手段，将自身的信息或观点有计划地与公众进行交流的公共活动。按照胡百精教授的观点，即"与事实层面促进真相查证，于价值层面实证信任重建和意义分享"[③]。例如，在出版企业开展公共关系活动时，将出版企业与公共关系的目标公众（作者、读者、经销商、供应商、社区、媒体等）联系起来的就是传播。出版社针对读者等公众开展的传播活动，读者等公众也会以传播的方式将自身的诉求反馈给相关的出版企业。

---

① 陶应虎，等. 公共关系原理与实务［M］. 北京：清华大学出版社，2006：80.
② 郭庆光. 传播学教程［M］. 北京：中国人民大学出版社，1999：5.
③ 胡百精. 危机传播管理［M］. 北京：中国人民大学出版社，2009：122.

通过这样的方式使出版企业与目标读者、媒体等目标公众建立起某种联系，从而实现双方的深入沟通。传播就是出版企业与其目标公众之间联系的中介和桥梁。

四、公共关系的基本属性

公共关系的基本属性一般包括以下几个方面。

1. 客观性

公共关系的客观性是由社会关系所具有的客观性所决定的。社会是由人群组成的，它是人们相互交往、相互作用的产物。人们在共同的物质生产等活动过程中彼此结成各种社会关系。这些社会关系是不以人们的意志为转移的客观物质关系。

出版企业公共关系是由出版企业、供应商、经销商、员工、受众（如读者、网民、观众、听众等）、社区、媒体等公众之间的互动而形成的关系，它同社会上的个人关系、社会制度一起，构成社会关系系统。它是客观存在着的一种社会关系，是一种社会组织性的关系。

2. 公共性

公共关系是社会组织与社会群体及社会环境发生的联系，公共关系活动的主体、作用的对象都是群体的。虽然有时公众是以个体的形式出现的，但是公共关系的本质属性要求社会组织只有把个体当作公众整体中的一部分时才具有公共关系的意义。因为出版企业的行为具有广泛的社会影响。而且，公共关系运作主要依靠的是大众传播媒介，公共关系活动的目的是为社会组织和公众谋求共同利益，达到"你好，我好，大家好"的效果。同时，它往往具有社会公益性的意义，因此公共关系具有明显的公共性特征。

3. 稳定性

社会组织与公众的关系是长期存在的，不仅谋求眼前利益，而且谋求长远利益。公共关系的建立、维系、巩固、发展是一种连续的、持久的、有计划的努力。特别是从宏观上来看，社会组织的生存环境是长期存在的，所以公共关系具有一定的稳定性。这种稳定性更多地体现为一种现实需要。任何企业都希望能"活"得久，"活"得好，而要做到这一点，营造适宜的生存环境，维系好与公众的良好关系至关重要。

出版企业公共关系实务

4. 相关性

社会组织与公众建立的关系不是随意的、随机的，一般认为，公共关系的公众特指公共关系工作对象的总和，即那些与公共关系主体有直接或潜在关系，相互影响的个人、群体或社会组织的总和，因此公共关系具有相关性。

5. 可变性

人有不同的能力和诉求，在宏观上，这种公共关系是永远存在的，总会有一些公众会与社会组织发生联系。但是在微观上，究竟是哪一部分公众在什么时候同该社会组织发生关系，却是不确定的，这种关系会因某些因素而发生转变。例如，出版企业的读者可能会因为某些产品而流失，也可能会增加，合作商也可能会因为时间或地点发生变化，这样必然会改变原来的关系。

五、组织形象是出版企业公共关系的核心

通过对公共关系的定义的考察，我们可以知道，开展公共关系的根本目的就是塑造其组织形象。那么，什么是组织形象呢？

组织形象又称"公众形象"或"公关形象"，指的是一定的组织机构通过其表现，在公众心目中形成的相对稳定的地位和整体印象及评价①，具体表现为公众对组织机构的全部看法、评价和整套要求及标准。例如，将组织形象进行分类，可以按照范围分为特殊形象（组织的局部给公众的印象）与总体形象（组织的各种形象因素形象的总和②，也是各种特殊形象的总和）；按照真实程度可分为真实形象（与组织的实际情况相符）与虚拟形象（与组织的实际情况不符）。

出版企业的组织形象包括企业精神、价值观念、行为规范、道德准则、经营管理作风、工作效能、社会地位、出版物质量、技术实力、经营特色、福利待遇、知名度、美誉度、和谐度和组织形象定位等。具体表现为：主体形象（包括企业领导形象和员工形象）；客体形象（包括出版物形象、服务形象和品牌形象）；延伸形象（竞争形象、信誉形象和环境形象）。出版企业的组织形象就是上述诸要素的综合反映。一般来说，出版企业的组织形象主要体现在所推出的出

---

① 李道平，等. 公共关系学 [M]. 2版. 北京：高等教育出版社，2013：140.
② 同①.

版物和对社会责任感的担当方面。

当然，任何一个企业都不可能在所有的方面都在公众心中形成良好的印象，这就要求企业在进行公共关系传播的时候，要根据公众的喜好而有所侧重，注意突出特色和优势，尽量减少"短板"。因为企业形象的每一个部分、每一个方向都有可能被公众所接触和了解，一旦某个弱势环节被公众所了解，就会被局部放大，从而影响其整体组织形象。

组织形象具有如下特点。

1. 主观性

形象是一种观念，是人对对象物的一种主观看法。由于每个公众的社会地位、文化背景、价值观念、思维方式、认知能力、审美标准不同，其观察社会组织的角度、地点、时间不一致，因此对于组织形象的评价也会有差异，甚至完全对立。

2. 客观性

虽然人的观念带有主观性，但人们所观察的对象物却是客观现实。一个人甚至少数人或许对某件事情的看法主观性强，有明显错误，但大多数人的意见一般是客观的。无论出版企业是否喜欢，人们头脑中的组织形象不会是虚构的，总体上是社会组织客观表现的真实反映。例如，中国人民大学出版社的人文社科出版物一直享有良好的声誉，经济效益和社会效益都很突出，人们对它的赞誉是有客观依据的。

3. 相对性

任何事情都是相对的，任何事物之间的比较都是在一定的时间和空间中进行的。此外，从事物的发展规律来看，任何事物都是变化的，没有永远的优秀，没有永远的第一。人们评价事物的标准、喜好会受各种因素的影响而发生变化。见仁见智、众说纷纭的情况是常态。所以，社会组织的形象绝不是一成不变的。

4. 稳定性

组织形象的形成是一个长期积累的过程，组织形象一旦形成，一般会持续一段时间。同样，当公众对社会组织产生一定的认识和看法以后，一般会保持一段时间，这种认识和看法具有一定的稳定性，不会轻易改变或消失。出版企业要想在公众心目中留下良好印象并不容易，特别是在当今同类产品众多、竞争日益激烈的年代。如要改变一种产品或一个社会组织在公众心目中的形象，比较困难。组织形象的这种相对稳定性可能会产生两种结果：其一，社会组织因形象良好且长期、有效地维持而从中受益；其二，社会组织因负面形象难以短期改变而受损。

在公共关系的发展历史上，组织形象的发展脉络经过了这样的一个过程：由自发走向自觉，由被动走向主动，由单一走向全面。这充分说明，人们在实践中对于组织形象的塑造手段已经越来越成熟了。

现在，很多企业为了树立组织形象都建立了企业视觉形象系统（Corporate Identity System，CIS），出版企业也不例外。所谓 CIS，是指以统一而独特的企业理念、企业文化为指导的行为活动及视觉设计所构成的展现企业形象的系统。① 出版企业有意识、有计划地将企业的各种特征向公众主动地展示与传播，使公众在市场环境中对某一个特定的企业有一个标准化、差别化的印象和认识，以便更好地识别并留下良好的印象。这一系统有助于公众对企业产生一致的认同感和价值观，这是企业大规模化经营而引发的企业对内对外管理行为的体现。

CIS 一般分为三个方面，即企业的理念识别——Mind Identity（MI），行为识别——Behavior Identity（BI）和视觉识别——Visual Identity（VI）。

MI 确立企业独具特色的经营理念，是企业生产经营过程中设计、科研、生产、营销、服务、管理等经营理念的识别系统。BI 是企业实际经营理念与创造企业文化的准则，对企业运作方式所作的统一规划而形成的动态识别形态。VI 是以企业标志、标准字体、标准色彩为核心展开的完整、体系的视觉传达体系，是将企业理念、文化特质、服务内容、企业规范等抽象语意转换为具体符号的概念，塑造出独特的企业形象。

出版企业的理念是指各出版企业在长期生产经营过程中所形成的企业共同认可和遵守的价值准则和文化观念，以及由企业价值准则和文化观念决定的企业经营方向、经营思想和经营战略目标。例如，商务印书馆早期的出版理念是"昌明教育，开启民智"，后来又增加了"提倡做有良知的出版人"。长江文艺出版社的出版理念也有一个形成的过程，以前只出文艺作品，后与时俱进，注重大众出

---

① 周安华，等. 公共关系：理论、实务与技巧 [M]. 2 版. 北京：中国人民大学出版社，2007：370.

版，最终形成"精英文化、大众趣味、百姓情怀"的出版理念。中国人民大学出版社以出版高校教材起家，后来发展成为人文社科学术出版重镇，形成了"出教材学术精品，育人文社科英才"的出版理念。其他一些出版企业的经营理念也是与其发展历程、社会或市场定位密切相关的。

企业的行为识别是企业理念的行为表现，包括在理念指导下的企业员工对内和对外的各种行为，以及企业的各种生产经营行为。

出版企业的视觉识别是出版企业理念的视觉化，通过出版企业形象广告、标识、商标、品牌、产品包装、企业内部环境布局和厂容、厂貌等方式向大众表现、传达出版企业理念。CIS的核心目的是，通过企业的行为识别和企业的视觉识别传达企业理念，树立企业形象。

案例1-1

三联书店的店徽

三联书店的店徽很有特色。它是一个椭圆的图案，在这个图案中，三个劳动者在挥锄扬镐，同心协力开垦着知识的新天地。这三个劳动者表示三联书店是生活、读书、新知三家书店的正式联合。而在劳动者的斜上方有一颗光芒普照的五角星，使整幅小图有动静结合的稳重感。这一小星既代表劳动者的昼夜劳作，也有黎明与进步的隐含。在劳动者下方是一条横线，代表着大地。横线下写着店名"三联书店"。

第二节　出版企业公共关系的特征

任何公共关系活动要想获得成功，其前提是社会组织与公众之间建立持久的信任关系，所以两者之间的沟通交流应该具备真实性（坦诚相告）、平等性（平等对待）、公开性（必要公开）、持续性（形成制度和惯性）、艺术性（有美感、有技巧）等基本要素。

"我国出版业既是一种社会文化事业,也是一种社会文化产业。"① 作为文化事业,出版业具有独特的文化属性(思想性、科学性、艺术性、创造性),其专业特性包括选择性、加工性和中介性。我国的出版业是社会主义的出版事业,是党的重要舆论阵地和宣传工具,承担着传播科学文化知识,丰富人民群众的精神生活,培养和造就各类人才,提高全民族科学文化水平的重任。为人民服务、为社会主义服务是出版工作的根本方针。作为文化产业,出版业是国民经济的重要组成部分,是以市场为主导,自主经营并受政府宏观调控,具有巨大发展前景的行业。

出版业的上述特性决定了出版企业的一切经营管理行为的特质,公共关系活动也不例外,一般来说,出版企业公共关系活动具有如下特征。

一、以公众的利益为先导

出版企业对内、对外的传播沟通工作,必须着眼于公众的利益。出版业既有商品属性、科技属性,也具有政治(意识形态)和文化属性。出版活动反映文化、传播文化、影响文化,这是出版活动区别于一般经济活动的根本属性。因此,出版企业出版的不是一般商品,而是文化产品,出版工作"要帮助人民关怀真理的发展"②,满足公众的精神文化需要,经济效益要讲,但要以社会效益为先。追求双赢,在"协助本组织完成自身既定任务的同时,又创造一个和谐的社会环境"③。

二、以提高美誉度为核心

塑造形象是公共关系活动的核心问题。一般来说,评价企业组织形象的指标有三个方面:知名度、美誉度和和谐度。其中,知名度与美誉度构成企业组织形象的基本面。知名度属于事实判断层面,美誉度则属于价值判断层面。

所谓知名度,是指出版企业或其他社会组织被公众知道、了解的程度,以及社会影响的广度和深度,知名度的高级阶段是认知度即接纳度,"认知"即认识

---

① 张文红,等. 出版概论 [M]. 北京:高等教育出版社,2017:109.
② 袁亮. 出版性质与科学方法 [J]. 出版科学,2003(4):9.
③ 居延安. 公共关系学 [M]. 上海:复旦大学出版社,2001:159.

知晓之意。世界著名的公共关系公司博雅公共关系有限公司在1997年曾对公共关系作了一个全新的诠释：公共关系即"认知管理"。一个出版企业的企业名称、产品商标、行业归属、历史沿革、主要产品、产品特征、经营状况、法人代表等诸多具体信息，在多大的范围内被公众所知晓，在多深的程度上被公众所认识，合起来则为这个出版企业的"认知度"。好名声（誉满全球）、坏名声（臭名昭著）都是知名度。所以，有知名度可以扩大企业或其他组织的社会影响，但有了知名度并不意味着受公众欣赏，还需要有美誉度才可以。

所谓美誉度，是指一个企业或其他社会组织获得公众信任、赞美的程度，以及其社会影响的美、丑、好、坏。它是企业形象受公众给予美丑、好坏评价的舆论倾向性指标，是一种对企业道德价值的社会评判。它所构成的"意义世界"维系着企业与公众之间共同"利益世界"的整体性和可持续性。

所谓和谐度，是美誉度在目标公众中的延伸，是社会组织在发展运行过程中，获得目标公众态度认可、情感亲和、言语宣传、行为合作的程度，即企业与公众之间情感、态度与言行相融合的状态。它是企业从公众出发开展公共关系获得回报的指标。

知名度与美誉度都从量和质两个方面评价了企业的形象。一个企业的知名度高并不意味着美誉度高，知名度低的出版企业美誉度未必低。在产品极大丰富，竞争日趋激烈的时代，"酒香不怕巷子深"的观念已经过时，因此，出版企业若想树立良好的社会形象，就必须在战略上同时把提高知名度和美誉度作为工作的目标，两者必须实现有机统一，从而树立企业的良好形象，争取广大公众的支持与偏爱，这也是公共关系活动的根本目的。

三、以平等互惠为准则

公共关系是以一定的利益关系为基础的。在我国，出版企业因自身的特殊性，注重社会效益是其天然的追求。出版企业既要实现本企业的相关目标，又要让公众得益，这是经营管理的准则。平等互惠，指的是"组织应以公众利益为出发点，通过双方利益的协调与平衡，让组织与公众的利益要求都得到满足，谋求组织与公众的共同发展……核心是双方利益的均衡"①。出版企业只有这样才能获得公众长久而坚定的支持，从而实现"双赢"乃至"多赢"，形成皆大欢喜的局面。

四、以立足长远为方针

任何一家出版企业的组织形象不是一朝一夕就能够建立起来的，需要不断地创新，日积月累地做功课。若在日常经营管理过程中不重视品牌建设，缺乏与公众沟通，只是在遇到经营困难或危机的采取挽救措施，这种"平时不烧香，临时抱佛脚"的短期行为并不可取，也无法取得好的效果。

五、以友好真诚为信条

坦诚相待是社会交往的基本准则，在信息透明的网络时代更应如此。只有言行一致，真诚地对待公众，在公众的心目中为自己塑造一个诚实的形象，才能对公众产生最大的说服力，进而赢得真诚的合作。

六、以传播沟通为手段

公共关系在其运作形态上表现为一种传播交流活动。公共关系目标的确立和具体计划的付诸实施都需要经过出版企业与公众的双向沟通。只有通过企业与公众的多方沟通交流，才有可能将企业的各种信息有效地传递给公众，增加公众对企业的认知，进而对企业产生好感。因此，出版企业要想做好公共关系工作，与公众之间的互动与沟通是必不可少的。

学者居延安认为，"全面、客观掌握有关事实（在这里看作与信息同一个概念），对公共关系活动开展具有决定性的作用。"②

因此要研究公众，掌握充分、准确的事实，才能做好公共关系工作。

---

① 裴春秀. 公共关系与形象策划［M］. 北京：经济科学出版社，2001：13-14.
② 居延安. 公共关系学［M］. 上海：复旦大学出版社，2001：41.

第三节　出版企业公共关系的功能

公共关系的功能，指的是公共关系对出版企业和周围环境所发挥的作用与影响。公共关系作为一种重要的管理功能，在出版企业的管理中具有十分明确的职责范围，发挥着特定的功能和作用。

公共关系活动所发挥的功能可以分为两个部分，一个是对于出版企业的功能，另一个就是对社会的功能，两者共同构成公共关系的全部功能。公共关系的这些功能的发挥，可以为出版企业的生存和发展创造良好的外部环境和内部条件，而且渗透到社会生活的每一方面，对社会的文明进步产生积极的影响，参与其中的公共关系人员也会耳濡目染，逐步提升自身的综合素质。

一、为企业发展创造协调的内部条件

众所周知，任何一家出版企业都不是一个孤立的存在，是在一定的物理环境、社会环境中生存与发展的，它与周边环境构成一种依赖与互动的关系。做好了公共关系，则有利于帮助出版企业与公众建立健康、积极、可持续的关系。

具体而言，公共关系对出版企业的功能包括如下几点。

1. 收集情报，监控环境

收集情报、监控环境是指企业相关部门观察与预测有可能影响企业生存与发展的公众的变化情况和其他各种环境的变化情况的工作，属于预警工作。企业环境是由多方面的因素和条件所构成的，社会在发展，环境在不断变化，企业自然也要不断变化以适应新的环境。这就要求企业承担公共关系职能的部门做好环境监测工作，包括信息的采集与对社会环境的监测，并做好科学分析与预测，为企业的应变措施提供有价值的参考意见。

一是采集信息。信息是预测和决策的基础，因此要发挥预警功能，首先要充分地掌握环境信息。公共关系采集的信息主要是有关企业信誉和形象方面的，包括出版物或服务形象信息（哪些出版物畅销，热点读物是哪些，特别是竞争对手的动态）、企业形象信息（公众对本企业的评价），以及其他重要的社会信息（包括国内外的政治、经济、文化、科技等方面的状况和变化，如"一带一路"

倡议的推行对出版"走出去"的影响，绿色出版、数码印刷、绿色包装等的影响，以及时尚潮流的更替、舆论热点的转移，如中美贸易纠纷和竞争等）。总之，公共关系人员一定要尽可能多地掌握与企业有关的资讯。

二是监测环境。监测范围包括：政府决策趋势；社会环境变化，包括自然环境、经济环境、科技环境、社会心理等的变化。这些因素都可能对企业的公共关系工作产生或强或弱的影响。社会需求和市场环境的变化（如网络阅读的兴起），会从整体上影响企业的经营；公众需求、公众心理的变化给出版物开发提出挑战；越来越受到重视的生态环保等则将对相关企业的未来发展带来持久的长远影响（如北京市外迁印刷企业）。

因此，出版企业要想有效地开展公共关系工作，必须密切注视自身所处社会环境的发展动态，以使企业能根据环境变化主动出击，获得更大的发展空间；注意竞争对手的动态，做到知己知彼，借鉴、吸取竞争对手的经验、教训，以便择机超越对方。

2. 提供咨询，帮助决策

公共关系部门所提供的有关公共关系方面的情报信息及评判、预测的咨询和建议，特别是有关公众一般情况、专业情况和公众心理变化和趋势方面的咨询建议，能够及时供企业管理层参考和选择。从这个意义上说，公共关系部门扮演的是企业经营管理决策的参谋角色。

西方国家的大多数出版企业的规模比较小，大型的出版企业一般会有专门的公共关系部门。而在我国，由于出版体制改革开展较晚，出版企业化经营的观念形成不久，大多数出版企业还没有设置专门的公共关系部门，一般是由营销部门或综合办公室承担相应的职能。随着出版业市场化的逐步深入，这种现象也许会逐渐改变。

3. 宣传引导，塑造形象

其一，通过公共关系活动，引导公众理解并接受出版企业。出版企业应主动地宣传自己、介绍自己，促进公众对企业的认知和了解；当公众对企业的评价游离不定、好坏莫辨时，出版企业应谨慎地发挥引导作用，使舆论尽可能向有利的方向发展；当一个出版企业及其出版物形成了基本的公众印象及良好的评价之后，应继续努力、强化这种良好的舆论态势，使企业形象深入公众心中。当企业的形象受损时，出版企业应该根据不同情形采取相应措施。如果是因出版企业自身的失误危害了公众利益，就应该本着实事求是、有错即改的态度，向公众坦率认错，尽快采取补救措施，将企业的损失减少到最低限度，并把企业处理事故的过程以及整改措施及时告知公众，以期重获支持和信赖；如果是因为公众的误解，应及时向公众澄清事实真相，消除误会，然后再采取后续措施，逐步恢复公众对企业的信心。

其二，通过社会交往，塑造出版企业的良好形象。任何公共关系工作最终总是要落实到个人身上。因此，除了通过大众传播媒介引导舆论从而影响公众外，借助各种社交活动即人际交往，为企业建立广泛的社会联系，广结良缘也是公共关系的一项重要功能。人际交往只是公共关系诸多方式中的一种，绝对不能把公共关系简单地看成人际应酬或人际关系，更不要把它和利用金钱、权势"走后门"谋私利的庸俗关系混同起来。

4. 沟通内外，协调关系

公共关系本质上是一种沟通活动，其所有的工作都是通过传播相关信息来实现与内外公众的沟通的。其主要目的是减少摩擦、化解冲突、平衡关系。

由于出版企业公共关系的对象即目标公众所处的地位不同，二者之间必然会存在种种差异和矛盾，又由于他们在信息的掌握上总是不对称的，因此两者之间发生某种摩擦乃至冲突很难避免。不过，对于出版企业来说，有摩擦和冲突其实并不可怕，怕的是有了冲突而不思化解、不求改进。这就要求出版企业充分运用公共关系活动，努力减少摩擦，协调内外关系。

出版企业和公众双方都有自己的利益。当双方的利益出现分歧和矛盾时，出版企业既不能无视公众的利益，也不要一味地牺牲自己的利益，而应通过平等的对话、协商，使双方达成共识，双方都应该做出必要的让步和妥协。因此，公共关系的任务便是在双方的利益得到维护的前提下，实现新的合作。

二、为企业发展创造良好的外部条件

出版企业公共关系对社会的作用主要表现在以下三个方面。

1. 调节人际关系，优化互动环境

在西方资本主义发展史上相当长的一段时期里，为了争夺市场和经济利益，不少人和企业违背法律和基本道德，不仅造成了劳资双方利益的尖锐对立，而且也使社会冲突增多。后来的公共关系因为倡导公开、合作、交流、互惠、平等等理念而逐渐为现代社会所认可和接纳，人们开始从对抗走向合作，使社会和谐度提高。

进入20世纪以后，随着科学技术的日新月异，社会财富的不断增加，人们的生活水平得到了空前的提高。但在物质世界获得了极大满足的同时，部分现代人却在精神世界迷失了方向。

出版企业公共关系可以通过与公众的坦诚沟通及提供高质量的符合社会需求的产品和服务来创造组织与公众之间的健康的关系氛围，用真诚广泛的社会交往、多边交流来抚慰人们的心灵，融洽人们的关系，提高人们的心理适应和承受能力，使其融入现代社会，从而优化全社会的互动环境。例如，出版企业可以通过各种渠道（包括新媒体）定期或不定期举办开放日、读者见面会或网上互动活动，引导公众多进行现实生活中的人际交流，缩短人与人之间的心理距离，也可以提供心理健康方面的出版物给有关公众，帮助他们回归积极健康的心态。

2. 传递社会信息，优化社会风气

出版企业可以通过出版反映社会潮流和热点的优秀出版物，开展有特色的公共关系专题活动，如举办或赞助社会公益活动，召开新闻发布会对社会热点事件及时表明本企业的立场和态度等，既可以为公众提供沟通的渠道，还可以为公众沟通创造良好的氛围。沟通的目的是求同存异，合作共赢，使双方的行动协调一致。在此过程中，公共关系的公开、互惠、诚实等理念会影响到各方的行为。

3. 提高经济效益，繁荣社会经济

公共关系的顺利开展，能够让出版企业内外关系良好，企业形象得到提升。良好的公共关系，对企业正常的经营管理有助益，一方面员工会积极进取，努力工作；另一方面，与企业相关的各类主体如主管部门、供货商、经销商、消费者等就会大力支持企业的工作，甚至也会密切这些主体之间的联系，促进他们之间的各种协作。良好的企业形象对于出版企业的发展是极为有利的。

第四节　公共关系与广告、营销的关系

公共关系属于新兴学科，从其工作内容来说，与广告、营销的关系密切。一般认为，公共关系、广告都属于市场营销的组成部分，或者说属于整合营销传播的一部分。

一、公共关系与广告的区别和联系

众所周知，商业广告一般是由相关企业通过各种付费媒体（主要是报纸、广播、电视、杂志、互联网等大众媒体）所进行的"各种非人际的沟通形式，旨在推销产品、服务和观念。"[①] 这样的广告通常被作为产品的生产者、经营者和消费者之间沟通信息的重要手段，是企业占领市场、推销产品、提供劳务的重要形式。而公共关系则是企业旨在传递自身的有说服力的信息，并改善公众对其态度的种种策略或行动。广告与公共关系既有联系又有区别。

1. 公共关系与广告的联系

公共关系与广告有一定的联系，主要表现在以下几个方面。

（1）任何广告都是公共关系活动的一部分，是开展公共关系活动的重要手段，即开展公共关系可以采用广告的方法。

（2）所有的广告与公共关系都需要依靠传播媒介尤其是大众传媒来传递信息。

（3）一切广告都带有公共关系的性质，对企业形象建设发挥着一定的作用。

（4）广告可以借助公共关系活动提高传播效果。

2. 公共关系与广告的区别

公共关系与广告也有明显的区别，主要表现在以下几个方面。

（1）直接目标不同。广告的目标是推销企业及其产品（出版物）、服务与观念。公共关系的目标是提高企业的知名度、美誉度，赢得公众对企业的好感，树

---

① 童兵，陈绚. 新闻传播学大辞典 [M]. 北京：中国大百科全书出版社，2014：469.

立良好的社会形象。

（2）传播的原则不同。广告传播的原则是吸引人们的注意，让受众产生购买欲。公共关系传播则要求真实、可靠，让公众相信企业。

（3）传播方式不同。广告为了吸引眼球，通常会采用虚构、夸张、制造悬念的艺术手法让受众的眼前一亮，是典型的自夸性质的单向传播。但公共关系的信息传递采用的是新闻传播手段，这就要求其必须真实、准确，最重要的是，公共关系沟通模式是效果较好的双向传播。

（4）传播的周期不同。公共关系是一项持久的立足长远的工作，所有的公共关系活动都要服从于建立和维护企业的良好社会形象这个根本目标。因此，公共关系传播是一项长期的工作。广告则不然，一般是在某个时间段集中宣传，临时性、阶段性（根据产品周期）、季节性（销售旺季）特征比较明显。

（5）所处的地位不同。在出版企业的经营管理中，广告的地位其实并不是最重要的。出版物质量、管理效率、沟通成效才是最关键的。公共关系在出版企业的经营管理活动中是一项涉及面非常广的工作，特别是在强调沟通、注重信誉的当代社会，公共关系工作的成效对出版企业的生存与发展的影响越来越大，其重要性不言而喻。

（6）传播的范围与效果不同。公共关系比广告传播的范围要广，影响也要更深远。广告往往采用集中财力短期内"集中轰炸"的传播手段，其效果一般比较直接，并可快速评估，同时往往仅限于局部销售区域的某个产品。公共关系因为秉承"多赢"的理念，向整个社会表达善意，其所产生的效果和影响则是长期的、多方面的。

二、公共关系与市场营销的关系

市场营销又称"市场学""市场行销"或"行销学"，简称"营销"。它是一门选择目标市场，并且透过创造、沟通、传送优越的顾客价值，以获取、维系、增加顾客的艺术。通俗地说，它是指个人或集体通过交易其创造的产品或价值，以获得所需之物，实现双赢或多赢的过程，通常指大规模的推销。

显然，公共关系与市场营销都是为了企业的生存与发展，二者的关系密切。

在市场营销中的各个环节都需要公共关系。二者的关系如下。

（1）理念高度一致。公共关系与市场营销都强调公众至上，客户第一，特别重视社会效益。

（2）它们所借助的手段都有传播，而且都侧重大众传播、人际传播。

（3）公共关系是市场营销的组成部分。新的市场营销学理论把原来的要素从"4P"［产品（Product）、价格（Price）、渠道（Place）、促销（Promotion）］变为"6P"［增加了公共关系（Public Relationship）、政治权力（Political Power）这两个要素］，说明了公共关系与营销关系十分密切。

当然，公共关系与市场营销学也有区别。

（1）所采用的具体手段不同。公共关系主要通过发布企业的相关信息、举办专题活动来同公众沟通；市场营销则通常采用包装、广告、推销、产品设计等手段促进产品、服务的销售。

（2）目标不同。企业公共关系的目标是树立企业的组织形象，让公众对该企业产生好感，以利于企业的健康长远发展。出版企业市场营销的目标是推销出版物、服务与观念，最大限度地获取经济效益。

第五节　出版企业公共关系的基本原则

做任何工作都需要遵循一定的规则，公共关系作为一种公开的经营管理活动，自然也不例外。

所谓公共关系的基本原则，是指开展公共关系活动所必须遵守的准则，它是公共关系行动的科学指南。作为一种全新的传播管理活动，公共关系是一个涉及面广、社会关注度高、工作难度大，既要真诚又需要技巧的工作。

目前，学术界对于公共关系基本原则的研究比较深入，提出了多种有实际应用价值的观点。世界著名的公共关系顾问佩基教授从理论层面曾提出六项公共关系管理原则，即诚实、用行动来证明、聆听公众的心声、策划未来、全员公共关系及面对危机的时候保持冷静、耐心和和善。我国学者居延安从公共关系实际操作的角度,提出了公共关系的四项基本原则:以事实为基础;以社会效益为依据;以满足公众需要为出发点;以不断创新为灵魂。学者熊源伟提出的公共关系的基本原则主要有:社会组织要坚持对公众"讲事实";社会组织与公众要实行"双向沟通";社会组织与公众间要"互惠"。学者周安华等人则认为,"从我做起""双向沟通""透明公开""诚实无欺""互惠互利"与"不断创新"应是公共关系的主要原则。学者陶应虎等人则认为,"尊重公众""平时联络"也应当做公共关系的基本原则。学者姚慧忠总结出公共关系的五项基本原则,即"WHATS":全员公共关系(whole company public relations);诚实为上(honedty as best policy);言行一致(action concueren twith words);双向传播(two-way communication);对等沟通(symmetrical communication)。① 归纳上述诸位学者的观点,我们认为出版企业的公共关系应包含的基本原则为:诚实透明、双向沟通、互惠互利、全员公共关系、开拓创新。

一、诚实透明原则

古人云:"人无信而不立。"融洽的人际关系需要双方诚恳待人,出版企业建立良好的公共关系的前提是能实事求是地向公众传递信息,让公众及时、全面地了解企业的现状、发展趋势、存在的问题,以及采取或将要采取的应对措施。

公共关系这一新型工作的问世,源于它是一定社会事实的产物。先有事实,后有公共关系。诚实是公共关系工作必须坚持的第一个原则,无论是形象塑造还是关系协调都应如此。作为公共关系的从业人员,一定要以全面、客观的事实为基础,实事求是地向公众传播真实的信息。

公众可能会原谅企业的错误,但肯定不会原谅其为错误说谎的行为。企业不仅要真实传播本企业的信息,而且还要付诸行动,做到言行一致。此外,还要注意"少说多做",用最有说服力的行动来证明自己。只有这样,才能让公众体会到企业的善意,从而获得公众的信任,并有可能从公众那里获得改善自身工作的意见和建议。

---

① 姚惠忠. 公共关系理论与实务[M]. 北京:北京大学出版社,2004:36-44.

案例1-2

2022年初，在中国编辑学会与《全国大中专教学用书汇编》编委会联合举办的第五届"全国大中专教材金牌编辑"评选活动中，中国人民大学出版社有15名编辑入选。其中2人获评"新形态教材金牌编辑"，2人获评"课程思政教材金牌编辑"，11人获评"国规教材金牌编辑"。

得知获奖后，中国人民大学出版社随即在其官网上发布《我社15名编辑获评"2021年全国大中专教材金牌编辑"》的消息，并展示了主办单位发来的贺信。在新闻报道中还不失时机地补充了一些背景材料，告诉公众，该社是"中华人民共和国成立后设立的第一家大学出版社""全国高等学校文科教材出版中心""中国最重要的高校教材和学术著作出版基地之一"，曾两次获得"中国出版政府奖先进出版单位奖"，在全国教材建设领域的最高奖——首届全国教材建设奖中有38种教材获奖，获奖总数在大学出版社中名列第一。此次获奖，"再次彰显了人大社在新形态教材、课程思政教材、国规教材建设领域扎实的编辑业务能力与整体品牌的领先地位"。这样就使公众对中国人民大学出版社的整体实力及其在出版界的地位有了更全面和准确的认识。

二、双向沟通

公共关系本质上是社会组织与公众之间的一种沟通活动。这类沟通是一种组织传播，与一般不重视反馈的、以单向传播为主的大众传播不同，它的基本要求是双向的交流，即一方面企业把相关信息传递给公众，另一方面，公众也把自己对企业的意见和看法反馈回来。传播学相关研究已经证明，对于文化程度较高、信息接收渠道多的现代人，双向传播的效果往往是最好的，而公共关系传播所面对的正是这样的公众。

公共关系传播的信息是有内在要求的：公共关系人员掌握的信息必须真实、全面，这就要求公共关系人员在调查、了解有关事实的时候，立场中立、态度客观、不带任何偏见，这样才能掌握真实与公正的信息。

现代出版企业要想获得良好的生存环境，必须秉承"公众至上"的理念。

出版企业公共关系实务

因为现代市场营销理念已发生重大改变，关注点由原来的卖方市场转为了买方市场，即由原来的"请消费者注意"进化为"请注意消费者"。与此相适应，公共关系也必须以公众的需求为出发点。这就是说，出版企业的公共关系人员要深入研究公众，听取、了解公众的意见，满足公众的喜好（必须注意，公众的需求、喜好是不断变化的，公共关系人员要随时掌握这些变化信息）。这种信息反馈基本可以让出版企业找出企业存在问题的症结所在，并据此来修改完善企业所发出的信息并改善其他相关行为。

当然，这并不是说所有公众的意见都是正确、合理的，有时公众反映的问题其实并非由某出版企业的行为所引起的，但公众却要求该企业"认账"或改变原来的立场。这个时候，该出版企业实际上是在与公众进行谈判和协商。如果此时该出版企业能从战略合作的角度，与公众保持善意、对等的沟通，既倾听又引导，必要时作适度妥协，最终总会与公众达成一致，公众也就会更乐于接纳。有了这种相互理解、相互支持的氛围，出版企业与公众的关系就会进入良性循环的轨道，形成长期合作共赢的局面。

案例 1-3

每逢重要的节假日或者特殊的日子，出版社常常会组织各种形式的座谈会或联谊会，交流信息和思想，融洽感情。这个沟通形式自然随和，气氛较好，往往能收到不错的效果。

三联书店每年都会举办颇具特色的编辑作者年度联谊活动，为业界所称道。仅举一例，即可见其隆重。2019年1月22日，三联书店在华侨大厦举办新年作者聚谈会，应邀出席的三联老中青三代作者和朋友达一百多人。三联书店不仅为来宾精心准备了三联新书、读书纪念笔记本和精美手账等作为礼物，并附赠了《2018·三联这些事》折页和"新知文库100种"宣传册，还在会场入口处展示了"三联书店2018年度十本好书"。

聚谈会上，除了交流信息，共叙友情，更多的是编辑和作者之间在选题合作和书稿写作方面的信息沟通。开展这样的公共关系活动，可谓一举多得。

三、互惠互利

公共关系总是以一定的利益关系为基础的。在出版企业与公众的关系中，要想得到公众的支持和喜爱，就必须让公众感受到该企业可以给他们带来的某些好处、某些享受，也就是物质利益或者精神利益。

出版企业为公众提供物质和精神产品，才能实现自身价值，企业的存在才有社会意义。公共关系工作通过沟通，促使双方建立一种情感交融的相互理解与相互合作的关系，进而协调双方的利益，甚至最大限度地谋取企业与公众双方的共同利益，这样就会形成"双赢"、长期"赢"的局面。必须注意的是，出版企业在追求效益的时候，要注意正确处理眼前利益和长远利益的关系，既要立足于长远利益，又要注意近期利益，即两者要兼顾。平时要多同目标公众进行有效的沟通，多做有益于公众的事，只有这样，才能使公共关系工作有长效。

案例 1-4

广西师范大学出版社在京举行建社 35 周年答谢会

广西师范大学出版社是我国一家比较年轻又颇具社会影响的大学出版社，在其发展过程中，出版社非常注重品牌建设和公共关系工作。2021 年该社成立 35 周年。3 月，该社在京开展了一场别开生面的公关活动——建社 35 周年答谢会暨"艺术出版的大众与小众"文化沙龙，应邀与会的嘉宾包括艺术家李军、吴洪亮、邱振中，知名出版人汪家明，学者李一等，以及 60 余名来自人民日报、光明日报等媒体的代表和全国经销商代表与会。

这次活动主要包括三项内容。第一项是出版社领导向嘉宾致辞和汇报出版社的发展情况。首先是出版社集团公司董事长致辞，感谢媒体、经销商及社会各界对广西师范大学出版社长期以来的支持与厚爱，并表示广西师范大学出版社将继续努力，回馈读者，回报社会。随后出版社总编辑向与会嘉宾介绍了广西师范大学出版社集团公司的理念、品牌、核心竞争力及未来的发展思路。

出版企业公共关系实务

> 活动的第二项内容是颁奖,这是答谢会的高潮。出版社向各媒体、经销商代表颁奖,这些奖项包括"最具影响力合作伙伴""最佳深度合作媒体""最具传播力合作伙伴""最具潜力合作伙伴""品牌提升伙伴""杰出营销伙伴""精诚合作伙伴""卓越学术推广伙伴""创新销售伙伴"9类。
>
> 第三项活动的内容是"艺术出版的大众与小众"文化沙龙,也是在答谢会现场举办的,围绕艺术出版领域的相关话题,嘉宾踊跃发言,气氛十分热烈。

四、全员公共关系

出版企业开展公共关系活动的目的是内求团结、外求发展。公共关系的对象虽然是公众,但建立良好的公共关系的基础在于出版企业自身。一个出版企业的形象不是孤立的,而是全体员工各方面表现的集中体现。公众对一个出版企业从了解到偏爱或厌恶,往往是从某个具体员工的言谈举止开始的。员工对出版企业的忠诚度、敬业程度,工作表现怎样,都会使公众形成对该企业的某方面的印象。因此,出版企业必须经常不断地对全体员工进行公共关系教育培训,使他们充分认识到本企业的形象、信誉这种无形资产比有形的资金、设备更为珍贵、更为难得。所谓全员公共关系,就是指企业从强化整体的公共关系配合与协调的角度,通过对全体员工进行公共关系教育与培训,让他们意识到公共关系对于企业生存与发展的意义,并牢固树立公共关系观念,提高做好公共关系的自觉性,在日常行为中处处体现公共关系意识,把公共关系工作当作自己的责任和义务,从而使企业内部上上下下形成浓厚的公共关系氛围,并融入本企业的文化中。如此对内可以增强员工对企业的凝聚力,增强员工对企业的认同感和归属感,对外可以树立和维护本企业的良好形象。简言之,全员公共关系就是让出版企业的每一个成员都是公共关系人员。它包括以下三个方面。

1. 领导的公共关系意识

公共关系业务的特殊性在于,它渗透到出版企业日常的行政、业务工作的各个环节,因此必须从全局和战略的角度加以协调管理。在现代社会,一个企业的领导是否有公共关系意识,能否胜任公共关系角色,在某种程度上甚至关系到一个企业的兴衰。一个企业的公共关系状态如何，与其领导的公共关系意识与公共关系素养密切相关。因此，一个企业的领导必须对本企业的声誉和形象承担直接责任；应该具备强烈的公共关系意识，在经营管理的各个环节中明确提出公共关系方面的要求，时刻关注本企业的公共关系状况，积极支持、指导、协调本企业的公共关系工作。

2. 全体员工的公共关系配合

企业形象是需要所有员工共同构建、精心维护的，公共关系工作绝不只是公共关系部门及其人员的"分内之事"，而是要求全体员工的积极参与与合作，增强公共关系意识和责任感，并让他们了解企业的公共关系目标、公共关系策略，把公共关系工作与他们的日常工作结合起来。各职能部门和单位在自己的工作范围内做出决策、制订计划时，都应该自觉地配合本企业公共关系的目标。公共关系的好坏，也应该成为对各部门的业务工作进行评价考核的一项标准。相应地，企业应该在有关的规章制度中明确每个部门或每个岗位对公共关系应负的责任。实践证明，企业如果经常在员工中进行公共关系的教育和培训，开展公共关系方面的评比和奖励，就会取得较好的效果。

3. 企业内部浓郁的公共关系氛围

全员公共关系是个系统工程，不是凭主观想象就能做到的，它有赖于在企业内部形成一种浓厚的公共关系风气、公共关系氛围。为此，企业必须在内部普及公共关系教育，从而使全体员工充分认识到，良好的形象能使本企业所拥有的实物资产增值，而恶劣的形象会使本企业的有形资产贬值，最终受损的是整个企业。

当然，全员公共关系并不意味着全体员工都需进行技术性的公共关系工作，那样既无可能，也无必要，而是要求他们时刻具备一种公共关系意识。

五、开拓创新

公共关系不仅是一门科学，同时也是一门艺术。在公共关系科学理论的指导下，各种社会组织在不同历史时期的公共关系实践中，摸索出了不少具体操作方法，创造出了可观的经典案例。这些案例虽然来自不同的国度、不同的地域，但都有共同特点，即巧妙、新颖、独特，正因为如此，这些公共关系活动才获得了巨大的成功。由此可知，公共关系工作必须遵循不断创新的原则。

一般来说，公共关系工作要创新，主要是考虑到同行竞争、经济技术环境与社会心理因素三个方面的情况。

第一，目前，社会组织繁多，公共关系的实际运用已非常普遍。如果一个出版企业只是按部就班地开展一般的公共关系活动，很可能与其他出版机构已做或正在做的活动相类似，难以引起公众的特别关注，也就难以取得预期的社会效果。

第二，现今世界进入网络时代，公众接收信息的方式有了较大的变化。网络成为公众获取信息的重要来源，已经部分替代传统媒体。如何善于运用这些新媒体，通过网络有效传递企业的相关信息，或者说如何高效开展网络公共关系，是出版企业的公共关系人员面临的一个现实课题。

第三，在当今的网络时代，生活节奏快，人们每天接触的信息数不胜数，人们的阅读兴趣也在发生变化，如果一个出版企业不了解公众的这种心理，其所举办的公共关系活动在形式和内容上墨守成规，没有吸引公众眼球的"亮点"，那就很难引起公众的兴趣和重视，很可能做了无用功。

那么，如何创新公共关系工作呢？其实，最关键的就是在策划活动时要在尊重客观事实的基础上，有创造性思维。一般来说，创新的内容包括以下三个方面。

第一，观念创新。企业开展公共关系活动一定要有战略眼光和开阔的视野，要适应历史发展潮流，随时跟踪世界经济、社会、文化等方面的变化，分析新情况，研究新方法，解决新问题。

第二，内容创新。企业公共关系要争取和引导公众，因此要根据公众不断变化的兴趣与需要设计传播内容，推陈出新、移植再造。

第三，方法创新，如转换角度、逆向思维、大胆设计、创造新的排列组合，以旧翻新等。

必须注意的是，创新不是天马行空，要遵守法律和道德规范、市场规律和公众心理。

第二章　出版企业公共关系组织与从业人员

公共关系工作是出版企业的一项重要工作，维系其有效运转需要有专门的机构和人员。公共关系机构是专业从事公共关系工作的社会组织，代理着出版企业的公共关系工作，是出版企业实施公共关系的主体。

目前，世界各国的公共关系机构大致可分为三个类别：社会组织内部作为职能部门的公共关系部、提供公共关系咨询服务的公共关系公司，以及自发组织起来的从事公共关系研究和实务的群众性团体，如公共关系协会、公共关系俱乐部、公共关系联谊会等。对于出版企业来说，前两类机构是其公共关系工作的主要对象和依靠力量。

公共关系从业人员是具体策划并实施公共关系工作的，是公共关系活动的主体。公共关系人员的素质与能力对企业的公共关系活动成效能产生直接、决定性的影响。

第一节　公共关系机构

一、公共关系部

公共关系部是企业为了实现公共关系目标而在内部设立的，用以贯彻执行本企业的公共关系思想，具体承担公共关系活动的专业性部门。目前，我国的出版企业因为市场化运作时间不长，大多没有设立这个部门，有关职能一般由行政办公室或发行（营销）部门来承担。但相信随着出版企业事业的发展，大的出版企业会考虑设立单独的公共关系部。下面简单介绍一下一般企业所设公共关系部的基本职能及在出版企业中的具体表现。

1. 公共关系部的职能

第一，公共关系部是企业的信息情报部门，负责收集与发布与企业有关的各种信息，监测周边环境（自然环境、社会经济环境等），预测企业的发展趋势。

第二，公共关系部是企业的形象策划与维护部门。它承担企业的形象设计、活动策划、形象管理等职责。

第三，公共关系部是企业的决策参谋部门。公共关系部要及时把收集并整理好的信息反馈给企业相关领导和各职能部门，提供咨询建议，以供他们决策时参考。

第四，公共关系部是企业的传播部门，对外传递企业的各种信息，包括传递企业的政策、解释企业的行为，以增加企业的透明度，从而让公众熟悉和认可。

第五，公共关系部是企业的联络部门。公共关系部代表企业同公众交往，包括接待公众来电来访、协调各种关系、处理企业与公众间的各类纠纷，等等。

2. 公共关系部的特点

与企业的一般的职能部门有所不同，公共关系部实际上是一个特殊的专业服务部门。其自身的特点如下。

第一，专业性。公共关系工作的特殊性和长期性，决定了公共关系部的从业人员与工作内容也必须是专业化的。也就是说，企业需要有一定素质和能力的专业人员来承担这项专业性很强的长期性工作。

第二，协同性。公共关系工作涉及方方面面，其目的是对企业内外展示、提升企业整体的良好形象，因此必须依靠各个部门的通力合作。公共关系部应善于沟通与协调，同各个部门保持紧密、良好的工作关系。

第三，独立性。公共关系工作涉及企业的各个部门，又独立于各部门的生产活动之外，在企业中具有一定的独立性。

第四，服务性。公共关系部不是具体的生产部门，也不是直接的管理部门，而是通过开展公共关系活动提供建议、咨询，为企业的决策层、各职能部门及公众提供高层次服务的部门。因此，它更多的是一个服务部门。

3. 公共关系部的设置原则

企业任何机构的设立，都要考虑工作需要与运行效率两个问题，公共关系部的设立也不例外。由于企业的性质不同，社会影响有别，面临的公众也有差异，对公共关系工作内容的要求必然不同。因此，对于还没有设立公共关系部的出版企业来说，要根据所处的社会环境和公共关系目标要求，具体情况具体分析，合理设置部门职能，力求在满足工作需要的前提下让公共关系部发挥最大的效益。一般而言，出版企业设立公共关系部要遵循以下几个原则。

第一，专业性原则。公共关系工作是一项涉及企业社会声誉、专业性很强的活动，其组成人员要受过严格而系统的专业训练，符合公共关系工作所必需的素质与能力要求。而且，公共关系工作因其有前瞻性和全局性，要求高、难度大，出版企业必须创造条件保证其工作的相对独立性，使工作人员能够在不断变化的客观环境中相机处理问题。

第二，合理性原则。这里包括两个意思，一是公共关系部的设置规模要合理，二是公共关系部的权利和义务要相适应。

公共关系工作虽然重要，但也不能任意设置人员，要考虑工作效率问题，即人员精干，规模适度。公共关系部及其人员在职责规定的范围内从事工作，权力与责任两者必须适应。公共关系工作虽然是一项具有全局性、前瞻性的工作，但毕竟是服务性质的，不可以随便越位、越权去指挥、管理其他部门；同样，其他任何部门也不应该干扰公共关系部的工作。

第三，协同性原则。出版企业成立公共关系部的目的之一就是沟通内外关系，其中同出版企业内部其他职能部门的沟通也是公共关系部的工作内容之一。公共关系部与其他部门互不隶属。众所周知，公共关系工作属于全局性的工作，非常需要依靠其他职能部门的紧密配合。因此，出版企业在设置公共关系部这个机构时，应通盘考虑，协调好与出版企业内部各职能部门的关系。同时，公共关系部的人员设置也应考虑这些人员之间的融洽、互补程度。

第四，针对性原则。不同的出版企业有不同的特点，其所面对的公众不同，工作内容与工作要求也不一样。所谓针对性，是指公共关系部的机构设置要根据

出版企业公共关系实务

不同出版企业的工作目标、工作性质和自身所面向的公众的特点等因素来确定。一般来说，出版企业的工作对象包括政府主管部门、广大读者、作者、合作商、媒体等。因此，在设置公共关系部时，出版企业就不能盲目照搬或仿效别人的做法，而应遵循针对性原则。

4. 公共关系部的规模及其在出版企业内部的设置

纵观国内外各类社会组织的公共关系部门，我们可以发现，公共关系部的人员规模都不大，大型企业一般是几十人的规模；普通企业的公共关系部多在8~10人，小型企业和非营利性社会组织的公共关系人员在5人左右。

出版企业是尤为重视社会效益的特殊组织，公共关系部往最好直属于出版企业的最高决策者层。当然，若出版企业因为公共关系工作的重要性暂不突出，把公共关系部列为一个和其他部门并列的职能部门也是可以的。但从世界知名出版企业的实践来看，公共关系部直接由企业的最高层负责，能突出公共关系工作的重要性、权威性，便于与各职能部门的协调，调动企业的各项资源相对比较容易，有利于公共关系工作的顺利开展。

5. 公共关系部与其他部门的协调

公共关系部在企业内部主要涉及与三个部门的协调。

第一，公共关系部与发行或营销部门的协调。在企业的市场营销活动中，有时候会涉及企业的形象传播与管理问题，这时公共关系部要及时介入，统筹考虑，有利于保持企业形象的完整性。

第二，公共关系部与法律顾问处的协调。企业与公众出现法律纠纷时，公共关系部要主动配合法律顾问处，协调好相关方面的关系，以便消除公众对企业行为的误解。这样既保护了公众利益，也维护了企业形象。

第三，公共关系部与人力资源部的协调。在人员安排或借用中，公共关系部与人事部门可能会有一定的冲突，需要两个部门协商确定如何在各自的职权范围内开展合作。

6. 公共关系部工作计划与方案的制订

一般来说，制订公共关系计划与方案要遵循下列原则：实用性与可行性原则；重点性与平衡性原则；科学性与灵活性原则；连续性与衔接性原则；创新性与独特性原则。

公共关系工作计划与方案的基本内容包括以下两点。

第一，年度公共关系工作计划。内容包括年度公共关系的具体目标和活动主题，列出目标和主题涉及的公共关系活动项目和具体传播计划。

第二，公共关系项目具体方案。其具体内容包括项目名称和目标，项目负责人及职责，项目实施程序及时间安排，项目涉及的关系和必要性分析，项目所需的媒介、器材设备、外部环境条件等，项目的经费预算、效果测评标准和方法，等等。

7. 设置公共关系部的利弊

企业内部设立公共关系部，既有有利的一面，也有不利的一面。有利的一面表现如下。

第一，熟悉企业自身的实际情况，内部关系融洽，便于有针对性地开展工作。

第二，能及时为企业提供相应的公共关系服务。

第三，有利于保持公共关系工作的连续性和稳定性。

第四，在企业内部统筹规划一般的公共关系活动时，有利于降低成本。

当然，作为一个主要从事对外沟通的内部常设机构，公共关系部也有自身的劣势。

第一，作为企业的常设机构，长期占用企业的人力、财力资源，综合成本不低，甚至有可能还会成为企业的一种负担。

第二，因为是企业内部的机构，观察问题难免带有主观色彩，不够客观与公正，不可能完全做到实事求是地分析与解决企业面临的问题。

二、公共关系公司

公共关系公司是专门为客户提供公共关系管理咨询服务的营利性机构。这类公司的具体名称略有差异，有的称为"公共关系公司"，有的称为"公共关系咨询公司"，还有的称为"公共关系顾问公司"。其组成人员通常都是公共关系方面的专家，经验非常丰富。

除了大型的国际公共关系公司，规模一般都不大，大部分公司的员工不超过20人。超过25人的则一般视为大型公共关系公司。

各公共关系公司的经营方式不完全相同，有的独立开展业务，有的则与其他公司合营。其业务范围也依据各自的性质来确定，综合型公共关系公司能提供全方位的服务，单一型的公共关系公司只提供一项或几项服务。

1. 企业向公共关系公司求助的情形

一般而言，企业通常在下列情况下需要接受公共关系公司提供的服务。

第一，企业所处位置偏远，信息不畅。

第二，企业未曾开展过公共关系活动，在一定情况下需要同公众进行经常性的沟通。

第三，企业（规模较小的出版社、期刊社和文化公司）内部公共关系部门的能力与经验相对不足，对自己的对外举措没有充分的把握，需要征询那些立场客观的公共关系公司的意见。

2. 公共关系公司的工作内容

公共关系公司的工作内容主要包括以下方面：提供公共关系调研；负责公共关系业务培训；提供公共关系咨询建议（如知名度、美誉度的咨询，公众意向的咨询，有关决策及实施情况的咨询，媒介选择咨询等）；为客户编写各种公共关系资料（如新闻稿、工作计划等）；为客户提供形象策划、专题活动策划方案，并在客户有需求时指导实施；客户要求的其他公共关系业务工作（如设计等技术服务、职业培训等）。

其中，企业形象咨询是公共关系公司业务量较大的一个工作类型，而作为咨询结果的企业形象咨询报告又是整个工作的"点睛之笔"。它为企业的形象建设工作指明了方向，提出了具体的实现途径。

撰写咨询报告的基本要求如下。

首先，要做到尊重客观真实，对于企业在形象建设方面存在的问题要如实反映。其次，所提的解决方案要具体、切中要害，有很强的针对性。再次，要留有余地，不要将自己提供的解决方案作为唯一的选择，可以提供若干个解决方案让对方选择、修改或重新组合，这样也可以激发双方的创造性。最后，解决方案不仅要有逻辑理论分析，同时也能结合企业的实际情况，具体措施环环相扣，具有较强的可操作性。

3. 公共关系公司一般工作程序

公共关系公司一般工作程序为：确立公共关系目标并开展调查研究，制订公共关系工作计划，与有关企业协商公共关系活动的预算，具体开展或者帮助有关出版企业开展公共关系工作，评估公共关系活动的实施效果。

4. 公共关系公司的工作原则

（1）遵纪守法原则。公共关系公司必须在国家法律、法规及有关政策许可的基础上在自己的业务范围内开展活动。

（2）忠诚客户原则。真心实意地替客户着想，给有关企业提供真实、准确的信息，提出有针对性的、可行的建议；不同时为客户的竞争对手提供相关服务；为有关出版企业严守秘密。

（3）自我约束原则。遵守职业道德，讲究商业信誉，不干涉有关企业的内部事务。

5. 公共关系公司的收费方式

公共关系公司是营利性的社会组织，所提供的服务是有偿的。其收费方式主要分为五大类：项目收费［包括咨询费、管理费、项目支出费（如旅费等）、公共关系活动经费、合理的项目利润］，计时收费，综合收费（项目总费用），分期综合收费和项目成果分成（按成果收益的一定百分比长期收取）。

6. 选择公共关系公司的标准

企业在选择公共关系公司代理相关业务的时候，事先应做一番调研，根据本企业的性质、规模、社会影响及公共关系目标等情况来大致确定举办何种类型的公共关系活动。企业选择公共关系公司的主要考虑因素有：公共关系公司的规范程度与社会信誉；公共关系公司职员的服务态度与业务水准；公共关系公司服务过或正在提供服务的其他客户情况（包括客户满意度）；收费标准及收费方式。

一般来说，如果一个公共关系公司的社会信誉良好、管理规范、服务质量优秀、客户群体知名度高且反馈满意度高、收费较合理，就很容易获得客户的青睬。企业选择公共关系公司时要特别关注这些信息。

7. 公共关系公司的优势与劣势

如果企业自身设有公共关系部，在开展常规的公共关系工作的时候，出于成本等因素的考虑，往往不会寻求专业公共关系公司的帮助。但一旦需要开展大型公共关系活动或者本企业处于危急时刻，企业自身公共关系运作的经验与能力不足时，就需要及时选择专业公共关系公司，获得他们的指导、帮助。公共关系公司的优势主要有以下几个方面：第一，拥有庞大的社会关系网络，获取信息的渠道多且快捷，办事效率较高；第二，专业性更强，经验更丰富；第三，作为企业外部的力量，立场中立，态度客观；第四，更节省开支。

当然，公共关系公司也有一些劣势，主要表现在：第一，成本因素导致公共关系公司的服务网点偏少，多集中在大城市繁华地段；第二，对企业的具体情况通常不熟悉，需花工夫了解；第三，从经济效益上来讲，公共关系公司不太适合承担日常公共关系工作的服务。

因此，出版企业在开展公共关系活动的时候，要根据拟开展活动的规模与性质，适时选择合适的具体合作或操作对象，既注意发挥公共关系公司在策划高层次的大型公共关系活动方面的优势，也注意发挥本企业公共关系部门在日常公共关系活动方面的特长。自发组织起来的从事公共关系研究和实务的群众性团体，多属于学术性组织，目前出版企业很少与之合作，这里就不再一一介绍。

第二节 公共关系从业人员

所谓公共关系从业人员，是指从事公共关系理论研究、教学和实践的人员。在欧美国家，称呼有"公共关系从业人员"（PRPractitioner）、"公共关系人员"（PRMan）、"公共关系官员"（PROfficer）。我国公务员执业资格考试用书所下的定义是："专门从事社会组织机构公众信息传播、关系协调与形象管理事务的调查、咨询、策划和实施的人员。"①

20世纪中期以来，公共关系在各国的社会政治、经济、文化、教育、宗教

---

① 马德顺. 中级公关员应试指导 [M]. 北京：中央广播电视大学出版社，2004：1.

等方面广泛运用,迫切需要大量受过专业训练,能够胜任这一高级、复杂工作的从业人员。在公共关系业最为发达的美国,1985年从业人员已超过15万人,早在1995年,中国的公共关系从业人员即有50万人之多。当今世界,公共关系从业人员的职业化已经成为现实。

一、公共关系从业人员的素质要求

从各国的公共关系实践来看,公共关系从业人员的一般工作内容包括:调查、新闻写作、编辑、活动策划、协调关系、接待来访、上传下达、教育培训、制订计划、管理。从以上内容我们可以看出,公共关系从业人员的工作范围广、难度大、要求高,这是由公共关系工作本身的性质所决定的。公共关系从业人员是出版企业公共关系工作的具体策划和实施者,他们能否胜任,能否表现出非凡的创造力,让企业的公共关系工作取得预期的效果,在很大程度上取决于公共关系人员自身的素质。

素质是人的心理发展的生理表现,包括气质、性格、兴趣、风度、学识和能力等因素。公共关系人员的素质应该是性格、品德、思维方式、知识和经验的结合,同时还应包括沟通协调能力、开拓创新能力和专业技术能力等,即个性特征的集合。

具体而言,一个合格的出版企业公共关系从业人员应该具备以下条件。

1. 较高的政策与职业道德水平

公共关系从业人员一定要有遵纪守法的意识,要熟悉、研究所在国家与地区的各项法律与规章制度(特别是行业政策与法规),有较高的政策水平。同时,公共关系从业人员还需要具备良好的公共关系职业道德,在工作中能够做到实事求是、公正无私、爱岗敬业、乐于助人。

2. 较高的文化知识素质

公共关系涉猎面广,从业人员不仅要精通公共关系专业理论和公共关系技术应用方面的专业知识,而且还要熟练掌握社会学、心理学、广告学、传播学、出版学、编辑学、市场营销学、社会组织行为学、国际关系、管理学、法律(特别是统计法、民法、广告法、反不正当竞争法)等知识,此外还要有广泛的兴趣,具备音乐、美术、体育、旅游、汽车、网络、经济等方面的常识,能紧跟时代潮

出版企业公共关系实务

流。即公共关系和相关学科专业知识要精深,其他知识尽可能广博。

3. 强烈的公共关系意识

公共关系从业人员掌握了公共关系学的知识并不一定意味着具备公共关系意识。所谓公共关系意识,是指经过学习,由公共关系原理、规则和规律指导的实践在人们思维中的一种能动反映,这是公共关系从业人员基本素质的核心,是一种综合性的职业意识。它包括塑造形象的意识、服务公众的意识、真诚互惠的意识、沟通交流的意识、创新审美的意识和立足长远的意识等。

4. 适宜的心理素质

公共关系从业人员要有健康的心理与积极的生活态度,自信、热情、开放、豁达、沉稳、宽容、务实、坚强、富有同情心和幽默感;待人接物有分寸,能够设身处地地为他人着想,既能坚持原则又不失灵活性;能扮演不同的角色,能够胜任企业多方面的角色:代言人、"消防员"、润滑剂等。

5. 多方面的能力

公共关系工作的难度大,极具挑战性,公共关系从业人员需要具备多方面的能力方能胜任。

第一,心理调节能力。公共关系工作千头万绪,难度很大,公共关系从业人员从事此项工作需要有坚强的意志,能够控制自己的情绪,不急躁,不意气用事,能有条不紊地开展工作。

第二,收集、管理和传播信息的能力。出版企业的形象建设牵涉面很大,公共关系从业人员需要全面收集企业内外各方面的相关信息,仔细甄别,分门别类,并采用适当的方式把这些信息组合好,传播给目标群体。

第三,观察能力。公共关系从业人员要善于透过现象看本质,在工作中能及时发现出版企业存在的主要问题与潜在机会,把握公众各方面的变化情况。

第四,写作能力。公共关系从业人员要文笔优美,思路清晰,概括与逻辑能力突出。

第五,社会交往能力。公共关系从业人员要善于自我推销与进行人际沟通,能巧妙支配他人言行。

第六,随机应变能力。公共关系从业人员要能够比较自如地应对各种突发事件的发生。

第二章 出版企业公共关系组织与从业人员

第七，创造能力。公共关系工作的一个重要原则就是要不断地创新，要善于活动策划。在激烈竞争的市场环境中，只有把突破常规的新奇点子、独特举措融入出版企业的公共关系活动中，才会吸引人们对企业的注意力。

案例 2-1

一次公共关系部部长聘任考试

一家公司准备聘用一名公共关系部部长，经笔试筛选后，只剩 8 名应试者等待面试。面试限定他们每人要在两分钟内对主考官的提问作出回答。当每位应试者进入考场时，主考官说的是同一句话："请您把大衣放好，在我面前坐下。"

然而，在进行面试的房间中，除了主考官使用的一张桌子和一把椅子外，什么东西也没有。有两名应试者听到主考官的话以后不知所措，另有两名应试者急得直掉眼泪；还有一名应试者听完后，脱下自己的大衣，放在主考官的桌子上，然后说了句："还有什么问题？"结果，这五名应试者全部被淘汰了。

剩下的三名应试者，一名应试者听到主考官的话后，先是一愣，随即脱下大衣，往右手上一搭，躬身致礼，轻轻地说道："这里没有椅子，我可以站着回答您的问话吗？"公司对这个人的评语是："有一定的应变能力，但创新开拓不足。彬彬有礼，能适应严格的管理制度，可用于财务和秘书部门。"

另一名应试者听到问题后，马上回答道："既然没有椅子，就不用坐了。谢谢您的关心，我愿听候下一个问题。"公司对这个人的评语是："守中略有攻，可先培养用于对内，然后再对外。"

最后一名应试者在听到主考官的问题后，他眼睛一眨，随即走出门去，把候考时坐过的椅子搬进来，放在离主考官侧前方约一米处，然后脱下自己的大衣，折好后放在椅子背后，自己就在椅子上端坐着。当"时间到"的铃声一响，他马上站起来，欠身一礼，说了声"谢谢"便退出面试的房间，把门轻轻地关上。公司对这个人的评语是："不着一词而巧妙地回答了问题。性格富有开拓精神，加上笔试成绩佳，可以录用为公共关系部部长。"（本案例取自各地多年沿用考试题）

6. 适宜的仪表风度

公共关系是为树立和维护企业形象服务的，这就要求实施这一工作的公共关系从业人员首先要随时随地注意自己的外在形象，衣着打扮、言谈举止要符合特定的对象或场合、时机和场景的要求。

二、公共关系从业人员的职业道德要求

所谓公共关系职业道德规范，是指在公共关系工作实践中逐渐形成的并由职业特性所决定的道德要求。众所周知，现代公共关系的应用非常广泛，其触角几乎延伸到社会的每个角落。与此相适应，出版企业公共关系从业人员也在不断增加，面对市场全球化、经济一体化、需求多样化、交际网络化的社会经济环境，他们所遇到的困难与挑战也越来越多，这些问题对公共关系人员的职业道德提出了新的更高的要求。

确立公共关系道德的必要性有以下几点。

第一，公共关系活动既是一种社会活动，也是一种道德活动。在某种程度上，道德甚至是公共关系人员的最应该具备的核心素质。

第二，在我国，"文化企业必须始终坚持把社会效益放在首位、实现社会效益和经济效益相统一"，它所开展的公共关系活动要社会效益优先，自然包含道德方面的要求。

第三，社会风气的优化是出版企业与社会持续、健康发展的需要。公共关系从业人员在这方面必须要有所担当。

第四，由于公共关系工作是一项为企业形象进行塑造与维护的工作，在此过程中，公共关系人员的身份特殊、职责特殊，道德要求也特殊。一方面，作为出版企业的成员，公共关系从业人员需要对企业本身负责，按照企业的要求，代表企业对公众有效地传递出版企业的相关信息并承担相应的责任；另一方面，公共关系从业人员又需要对公众负责，维护公众的利益。其言行要符合法律、政策与社会道德规范。也就是说，公共关系人员对出版企业与公众双方都要诚实。

我们知道，在很多时候，出版企业作为自负盈亏的工商业机构，有其自身的利益，公众也有自身的利益，两者之间的利益并非总是一致，而公共关系活动的

目标就是寻找两者利益的一致性或共同点。公共关系人员的行为在某种程度上决定了两者之间利益的分配。正是由于这种身份上的特殊性，决定了公共关系从业人员有着特殊的职业道德要求。

第一，遵守基本的社会道德规范。基本的社会道德规范是对社会所有成员的起码要求，每个人理应遵守。公共关系人员，首先是社会中的一个人，然后才是企业的一员。因此，他们首先需要遵守的便是基本的社会道德规范。

第二，维护本企业的利益。公共关系从业人员在从事公共关系工作时，是以本企业代言人的身份与公众进行接触的，其理应真诚地维护本企业的利益，这是基本常识。公共关系人员对外代表着整个出版企业，无论是在外在形象上，还是在个人言行上，都要格外注意维护企业的良好形象。特别要注意的是，尽管公众也是公共关系人员所应负责的对象，但却不能只顾及公众的利益而忽视企业的利益，更不能私下交易，损公肥私。

第三，对公众负责。公共关系人员一方面以出版企业代言人的身份与公众接触，另一方面也是以一个个体的身份在与各种各样的人打交道。因而公共关系人员需要对公众负责。公共关系工作虽然有技巧，但它并不是万能的。从根本上来说，公共关系工作的成功有赖于企业与公众之间真诚相待。只有企业在与公众的交流过程中体现出温情感与社会责任感，公众才会将心比心，对企业产生好感，从而支持和配合企业的工作。当公众的利益与企业的利益相冲突时，公共关系人员也应从客观、公正的角度，调节两者之间的利益。从长远来看，保障与维护公众的利益，让公众体会到企业的诚意，有利于提高企业的美誉度。

鉴于公共关系人员道德建设的重要性，世界各国政府和公共关系团体都非常重视公共关系职业道德规范建设，使之逐步系统化、规范化、制度化，形成了一系列"职业准则"。其中，国际公共关系协会1965年制定、1968年完善的《国际公共关系道德准则》因简明、系统、规范而影响最大，成为许多国家制定本国公共关系道德准则的蓝本。英国公共关系协会制定的职业行为准则在公共关系工作流程各个环节的规定上比较具体，容易操作，在国际上也很有影响。

全世界公共关系从业人员的基本道德要求大体一致，归纳起来包括四个方面：第一，敬业爱岗，忠于职责；第二，廉洁奉公，处事公正；第三，求真务实,勤奋高效;第四,顾全大局,严守机密。

三、公共关系礼仪的基本原则

礼仪是"人际交往的通行证","还是体现公共关系人员自身修养和业务素质的一种标志"[①]。出版企业公共关系从业人员社交广,每一个细节都代表着出版企业的形象。因此,礼仪是出版企业公共关系从业人员的必修课程。

公共关系礼仪遵循的基本原则主要有以下几点。

第一,真诚和尊重的原则。真诚是对人对事的一种实事求是的态度,是待人真心真意的友善表现,真诚和尊重首先表现为对人不说谎、不虚伪、不侮辱人。其次,表现为对他人的正确认识,相信他人,尊重他人。尊重还表现为从俗,社交生活中存在"百里不同风,千里不同俗"的情况,国情、地域、民族、文化背景不同,这要求公关人员正确认识客观现实,尊重交往对象的习俗,做到入乡随俗。出版企业公关人员不自高自大,自以为是,避免产生误会。交往要做到心底无私,真诚奉献,才能有丰硕的收获,只有真诚地尊重对方能使双方心心相印,友谊地久天长。

第二,平等与适度的原则。在交往中,平等表现为不骄狂,不我行我素,不自以为是,不厚此薄彼,不能傲视一切,目空无人,更不能以貌取人,或以职业、地位、权势压人,而是应该处处、时时平等谦虚待人。唯有此,才能结交更多的朋友。适度的原则是在交往中要把握分寸,根据具体情况、具体情境而行使相应的礼仪,如在与人交往时,既要彬彬有礼,又不能低三下四;既要热情大方,又不能轻浮谄媚;要自尊但不要自负,要坦诚但不能粗鲁,要信任但不要轻信。

第三,自信与自律的原则。一个有充分信心的人,才能在交往中不卑不亢、落落大方,遇强者不自惭,遇到磨难不气馁,遇到侮辱敢于挺身反击,遇到弱者会伸出援助之手。自律就是遵循法纪,自我约束在荣誉和利益面前保持定力。真正的自律是自省、自警、自爱,自律的人淡定从容,内心强大,总是充满积极向上的力量。

第四,信用与宽容的原则。与朋友交,言而有信。在社交场合,一是要守时,与人约定时间的会见、会谈、会议等,决不拖延迟到;二是要守约,与人签

---

① 李道平,等. 公共关系学 [M]. 2版. 北京:高等教育出版社,2013:77.

订的协议、约定和口头答应的事，要说到做到，即所谓"言必信，行必果"。因此在社交场合，公关人员如没有十分的把握就不要轻易许诺他人。宽容是一种难得的修养和生存智慧。公共关系从业人员经常跟不同个性、不同品格、不同利益的公众打交道，难免会遇到误会、受屈的情形，只要不出现不可调和的矛盾，多设身处地地换位思考，宽容待人。

第三章 出版企业公共关系的主体、客体与手段

和其他社会组织一样，出版企业公共关系的三要素是出版企业、公众与传播，它们构成公共关系活动的主体、客体和手段。出版企业一旦确定了目标公众，就会借助媒介开展相应的公共关系活动，传播本企业的相关信息。

第一节 公共关系的主体

出版企业是开展相应公共关系活动的主体。不同的出版企业，其所处的发展阶段和相应的发展目标不同，所要开展的公共关系活动的内容与方式也会有所不同。公共关系活动必须围绕出版企业所制定的目标来展开，才有可能取得有的放矢的积极效果，从而不断优化出版企业的生存与发展环境。

一般认为，我国的出版企业包括出版机构（出版社、非时事新闻类的报社、期刊社、音像和电子出版社及网络出版单位）、制作机构（如排版公司、音像制品制作公司）、印刷复制机构（印刷厂、音像制品和电子出版物的复制工厂等）、发行和营销机构（包括总发行单位，如新华书店首都发行所，批发单位和零售单位）等，它们构成公共关系活动的主体。

一、出版企业的基本特征

出版企业是人们有计划、有目标、有系统地建立起来的一种社会机构或社会组织，因而它具备一般社会组织的基本特征。

出版企业公共关系实务

1. 目的性（目标性）

和一般的企业一样，出版企业要靠共同目标来维系，或者说出版企业的目标是其赖以生存的前提和基础，出版企业的每一个成员都要为达成这个目标而付出努力。

2. 整体性（系统性）

出版企业是由每一个成员共同组成的一个集合体，内部的各个部门、各个环节、各个成员是一种相互依存、相互协作和相互约束的关系，这种紧密联系是通过出版企业所制定的具体的规章制度和各成员的职责分工来维系的。出版企业对外则是以一个整体的面貌出现。

3. 相关性（关联性）

出版企业内部各成员的活动会对其他的成员和社会组织产生影响，同时，企业行为对每一个成员也会产生影响。

4. 动态性（变化性）

任何出版企业都不可能是固定不变的，它要随着周围环境、企业目标、内部人员的变化而变化。随着时间的变化，有的出版企业会由小到大、由弱变强，有的则可能不复存在。有的出版企业则因为目标的改变而改变了性质，如纸媒出版企业变成了新媒体出版企业。

5. 独立性（自主性）

每一个出版企业都是相对独立的一个群体，可以在所在国家和地区的法律、政策许可的范围内独立开展自负盈亏的经营管理活动。

6. 稳定性（恒常性）

一般情况下，出版企业都会按照既定的目标有条不紊地开展工作，都会有较长的生命周期，其运行也通常是稳定的。特别是我国的出版社，具有很强的稳定性。

7. 创意性（思想性）

和一般的企业有所不同，出版企业属于文化产业，因而具有创意性，与信息技术有着密切的联系。

8. 身份双重性（统一性）

在我国，出版企业属于从事社会主义出版活动的社会行业，是社会主义思想文化阵地，是事业和产业的有机统一体，既要重视经济效益，更要重视社会效益，而社会效益始终是排在第一位的。

二、出版企业的环境

出版企业的环境是指所有潜在影响该企业运行和绩效的因素或力量，其对出版企业的生存和发展起着决定性作用。因此，科学地划分出版企业的环境类型，有利于相关出版企业更清楚地认识环境、把握环境、制定对策。

1. 出版企业环境的分类

一般来说，如果以出版企业界限来划分，可以把环境分为内部环境和外部环境，或称为"工作环境（具体环境）"和"社会环境（一般环境）"；如果根据环境系统的特性来划分，则可以把环境划分为简单—静态环境、复杂—静态环境、简单—动态环境和复杂—动态环境四种类型。

出版企业内部环境是指管理的具体工作环境，影响管理活动的内部环境包括物理环境、心理环境、文化环境等。

物理环境要素包括工作地点的空气、光线和照明、声音（噪声和杂音）、色彩等，它对于员工的工作安全、工作心理和行为及工作效率都有极大的影响。物理环境要素对出版企业设计提出了人本化的要求，要防止物理环境中的消极性和破坏性因素，创造一种适应员工生理和心理要求的工作环境，这是实施有序而高效管理的基本保证。

心理环境指的是出版企业内部的精神环境，对出版企业管理有着直接的影响。心理环境制约着社会组织成员的士气和合作程度的高低，影响着出版企业员工的积极性和创造性的发挥，进而决定了出版企业管理的效率和管理目标的达成。心理环境要素包括内部和睦融洽的人际关系，员工的责任心、归属感、合作精神和奉献精神等。

出版企业的文化环境至少有两个层面的内容：一是本企业的制度文化，包括出版企业的工艺操作规程和工作流程、规章制度、考核奖励制度及健全的社会组织结构等；二是本企业的精神文化，包括价值观念、企业信念、经营管理哲学及企业的精神风貌等。良好的企业文化是出版企业生存和发展的基础和动力。

出版企业外部环境是指该企业所处的社会环境。外部环境影响着出版企业的管理系统。出版企业的外部环境，实际上也是管理的外部环境。

外部环境可以分为一般外部环境和特定外部环境。一般外部环境包括社会人口、文化、经济、政治、法律、技术、资源等。一般外部环境的这些因素对出版企业的影响是间接的、长远的。当外部环境发生剧烈变化时，会导致该出版企业的发展发生重大变革。其中，经济环境是影响社会组织生存与发展的最直接的因素。特定外部环境因素主要是针对具体的出版企业而言的，包括供应商、经销商、顾客、作者、竞争者、新闻媒体、政府和社会团体等。特定外部环境的这些因素对该出版企业的影响往往是直接的、迅速的。

外部环境从总体上来说是不易控制的，因此它对出版企业的影响相当大，有时甚至能影响到整个出版企业结构的变动。对外部环境作分析，目的是找出在这个环境中可以把握住哪些机会，必须要回避哪些风险，抓住机遇，健康发展。

2. 出版企业与环境的关系

环境对出版企业的形成、发展有着重大影响。某些环境的变化为某些出版企业的发展提供有利条件环境，也可能导致某些出版企业不复存在。如信息技术的发展导致不少传统出版企业消失。在当下和未来，出版企业的目标、结构及其管理等只有变得更加灵活，才能适应环境多变的要求。

必须认识到，环境会影响出版企业，同时，出版企业也会反作用于环境。积极的反作用主要表现为：主动了解环境状况，获得及时、准确的环境信息；通过调整自己的目标，避开不利的环境，选择适合自己发展的环境；通过自己的力量控制环境的状况和变化，使之适应自己的活动和发展，而无须改变自身的目标和结构；通过自己的积极活动创造和开拓新的环境，并主动地改造自身，建立出版企业与环境新的相互作用关系。另外，出版企业对环境的反作用也有消极的一面，即对环境的破坏。这种消极的反作用又会影响出版企业的正常活动和发展。例如，传统印刷厂对城市的污染问题，导致印厂外迁，从而使成本增加，业务也因此受到影响。

第二节　公共关系的客体

公众是出版企业公共关系的对象。在现代社会，任何社会组织的生存与发展都需要公众的支持与信任。所以，研究并了解公众是出版企业开展公共关系的首要环节。出版企业只有在充分掌握了目标公众的特征、规模、构成及基本意愿或倾向后，才能有针对性地制定对策，开展相应的公共关系工作。

一、公众的特征

与通常所说的"民众"（政治术语）、"大众"（传播与政治术语）、"公民"（现代政治术语）、"人民"（政治术语）、"受众"（传播术语）等概念的内涵有所不同，公共关系所说的"公众""指的是那些与某个出版企业有某种联系或利益关系，相互产生影响，对出版企业的生存与发展具有一定影响力的社会群体。"①

很显然，不同的出版企业有不同的公众，甚至出版企业在不同的时期也有不同的公众。这要求出版企业在确定目标公众的时候要深入调查、科学分析、准确定位、区别对待，使确定的公众具有权威性，公共关系工作更具有针对性。

公众具有如下特征。

1. 相关性

这里的相关性有两个含义：第一，出版企业的政策和行为会影响现实公众或潜在公众。这是出版企业寻求与确定公众的前提。第二，公众的态度和行为对出版企业有重要的现实或潜在的影响，并且这种影响是出版企业内外部公众根据自身的需要和利益而主动施加的，出版企业必须慎重对待，加强与各界公众的坦诚沟通，必要时要调整自己的政策和行为。简言之，出版企业与公众有某种程度的关联。

2. 同质性

公众的形成，往往取决于所在出版企业的性质。相似的出版企业，其公众也

---

① 周安华，等. 公共关系：理论、实务与技巧 [M]. 2版. 北京：中国人民大学出版社，2007：12.

相似。这里所说的相似，指的是公众具有某种内在共同性（相互之间的某种共同点），即他们因具有共同的问题（原因）、共同的需要（兴趣）、共同的利益、共同的目标而有相似的态度与行为，从而成了某个出版企业的公众。例如，购买并经常使用《新华字典》的师生，就是商务印书馆的公众。

3. 多重性

这里说的是身份的多重性。在现实生活中，人总是处在一定的社会关系中，与他人和社会组织发生某种联系。一个出版企业可能有很多公众，公众中的某一个也可能关注很多出版企业。公众由于爱好、利益、需求是多方面的，必然会同多个出版企业产生利益关系，即公众完全有可能同时是多个出版企业的公众。

4. 群体性

与传播学意义上"大众"的孤立性特征正好相反，出版企业的公众呈现出群体性特征。既有像学校、医院这样的社会群体，也有在某个时间段从事相同事务（如电影观众、商店顾客）的任务群体，以及从事相同职业或具有相同身份（如公务员、学生）的角色群体。任何出版企业的公众都是由各种群体相互交织构成的。出版企业面对这样的环境，必须用全面、系统的观点来分析自己的公众，注意把握好自身与各类公众之间的关系平衡，不要怠慢任何一类公众。

5. 变化性

现代社会是一个开放的系统，社会环境在变化，出版企业的条件在变化，其公众的性质、形式、数量、范围等也必然处在不断变化、发展的过程中。同时，公众的这种变化也会反过来影响出版企业的变化。公众的变化对于出版企业来说非常重要，出版企业一定要及时采取相应的措施，有针对性地改变或部分改变原来公共关系工作的目标、方针、策略和手段，改善和维系与公众的良好关系。

二、公众的类别

由于公众具备上述五个方面的特征，出版企业要在有限的时间、经费条件下开展有效的公共关系工作，就必须对自身的公众进行分类，针对不同类别的公众采取不同的对策。公众分类的方法很多，主要有以下几种。

1. 内部公众和外部公众

根据公众与出版企业的隶属关系划分，公众可以分为内部公众和外部公众。这个分类方法比较容易操作，在公共关系实际活动中较为常见。

所谓内部公众，是指出版企业内部所有成员，如企业员工、股东等。他们与出版企业的关系最为直接、密切，他们对出版企业的评价最具震撼性。对于出版企业的生存与发展来说，内部公众的态度是最为关键的决定性因素。毫无疑问，内部公共关系在出版企业所有的公共关系工作中，是非常重要的一个方面。

外部公众指的是除了内部公众外，与出版企业发生关联的各界公众。他们的数量庞大，与出版企业的关系虽然不如内部公众紧密，但外部公众与出版企业之间、外部公众之间的利益格局十分复杂，出版企业在进行相关公共关系工作时要区别对待、审慎处理。

2. 首要公众、次要公众和边缘公众

根据公众对于出版企业的重要程度，公众可以分为三大类：首要公众、次要公众和边缘公众。

尽管从理论上讲，公众对出版企业的生存与发展都很重要，都有可能决定出版企业的命运，但是，众所周知，不同的公众对出版企业的影响力是不同的，相同公众对不同的出版企业的影响力也是有大有小的。

首要公众包括内部公众与部分外部公众，他们对出版企业有着举足轻重的影响，能决定相关出版企业的经营状况，如读者、作者就是出版社的首要公众，他们与出版社的活动联系最为密切，是影响出版社发展的关键性因素，因而也是出版社公共关系工作的重点对象。

次要公众指的是能对出版企业的生存与发展产生一定影响，但这种影响尚不具有决定性作用的公众。如新闻机构、金融机构等就是出版社的次要公众。出版企业对次要公众公共关系工作的重要性略小于首要公众。

边缘公众指的是那些与出版企业联系很少、对出版企业的影响也不大，处于出版企业公众与非公众边界地带的公众，"如同行就是典型的边缘公众"①。

---

① 周安华，等. 公共关系：理论、实务与技巧 [M]. 2版. 北京：中国人民大学出版社，2007：14.

必须指出，上述三类公众的角色定位并不是一成不变的，会随着出版企业的目标、时间与环境的变化而有变动。有时候首要公众会变成次要公众，有时候边缘公众会变成首要公众，或者变成局外人，不再是出版企业的公众。因此，出版企业的公共关系部门一定要根据自身的实际情况、发展需要来确定首要公众、次要公众和边缘公众，妥善处理好这三类公众之间的关系，有针对性地开展公共关系工作，最大限度地发挥各类公众的正能量。

3. 非公众、潜在公众、知晓公众和行动公众

根据公众与出版企业产生联系的次序划分，公众可以分为非公众、潜在公众、知晓公众与行动公众四大类。① 此分类法最早是从美国公共关系专家格罗尼格和亨特开始使用的，在公共关系界的影响巨大。

所谓非公众，是指这样一类人，其态度与行为影响不到出版企业，同时，出版企业的政策与行为也影响不到他们。也就是说，非公众指的是与出版企业没有发生联系、无任何利益关系的群体或个人。

显然，非公众不属于出版企业的公共关系对象。出版企业区分它们，有利于减少公共关系工作的盲目性，避免不必要的花费。但是，任何出版企业的公众都是由非公众发展而来，非公众是一个不断变化的主体，会随着环境的变化、出版企业的行为而变成潜在公众甚至现实的行动公众。公共关系人员要想准确地界定他们的范围并不容易。一旦有所界定，则需要对他们实施积极有效的策略，使之逐步变为潜在公众甚至行动公众，从而扩大出版企业在社会中的影响。

潜在公众指的是与出版企业有某种联系（面临共同的问题）但尚未意识到，也未明显影响出版企业行为的公众。出版企业及时地发现潜在公众并积极促成他们变为知晓公众，是一项预见性很强又非常重要的工作。

知晓公众指的是与出版企业有某种联系（或意识到问题的存在），即将或可能影响出版企业，但尚未采取行动的公众，他们是由潜在公众发展而来的。他们对任何与之有关的信息都感兴趣。出版企业要高度重视对知晓公众的公共关系工作，要及时介入，采用正确的做法，引导社会舆论，切实消除知晓公众对本出版企业的误解，积极解决公众面临的那些需要本出版企业解决的问题，防患于未

---

① 李道平，等. 公共关系学 [M]. 2 版. 北京：高等教育出版社，2013：112.

第三章 出版企业公共关系的主体、客体与手段

然,并争取把更多的知晓公众变为行动公众。

行动公众由知晓公众发展而来,指的是意识到问题的存在又开始采取具体行动的那部分公众。由于他们已经采取了对出版企业的行动,势必影响出版企业的运转,这就需要公共关系部门正确面对,与他们进行认真、坦率的沟通,使他们的态度向有利于本出版企业的方向转变,从而为出版企业营造和谐的生存与发展环境。

从非公众到行动公众是一个持续发展的过程,公共关系人员要随时跟踪变化情况,确定工作重点,有针对性地开展工作。

> **案例 3-1**
>
> ## 北京大学出版社等 31 家出版单位与"学习强国"学习平台签署合作协议
>
> "学习强国"学习平台是由中共中央宣传部主管,以习近平新时代中国特色社会主义思想和党的十九大精神为主要内容,立足全体党员、面向全社会的优质平台,具有高度的权威性和巨大的社会影响力。该学习平台的理念是"全党办,大家办",这对出版社来说是一个展示自身实力和形象的舞台,很有合作价值。
>
> 2019 年 8 月第九届中国数字出版博览会期间,北京大学出版社等 31 家出版单位与首次作为参展的"学习强国"学习平台签订合作协议,此举旨在充分挖掘优质数字内容资源优势,打造共生共荣、相互促进、共同发展的数字内容资源传播体系。
>
> 这样,"学习强国"学习平台从这 31 家出版社的潜在公众变成了知晓公众进而成为行动公众。

4. 临时公众、周期公众和稳定公众

按照公众构成的稳定程度,公众可以分为临时公众、周期公众和稳定公众。

临时公众指的是因为某一临时性因素、突发事件或专题活动而形成的公众,如因突然下雨而到出版企业避雨的路人、参与图书博览会布展的技术工人等。周

期公众指的是按照一定规律和周期出现的公众，如假期到书店购买教辅的家长等。稳定公众指的是具有稳定结构与稳定关系的公众，如大学教师等。

5. 受欢迎公众、不受欢迎公众和被追求公众

按照出版企业对公众的价值判断，公众可以分为受欢迎公众、不受欢迎公众和被追求公众。这种分类法称为价值判断法。

受欢迎公众指的是那些与出版企业相互欣赏与吸引，能够满足出版企业的需要并主动对出版企业表达兴趣和交往意愿的公众。不受欢迎公众指的是违背出版企业的利益和意志，对出版企业构成现实或潜在危险的公众。被追求公众指的是符合出版企业的利益与意愿，但对出版企业不感兴趣、不想与其交往的公众。

6. 顺意公众、独立公众和逆意公众

根据公众对出版企业的态度来划分，公众可以分为"顺意公众、独立公众和逆意公众"①。

出版企业面对的公众来自不同的地区，文化水平、价值与审美取向不尽相同，利益诉求也有差异，因此对于出版企业的行为，往往是"萝卜白菜，各有所爱"，公众的态度出现分化是不可避免的。

顺意公众就是指对出版企业的政策和行为采取支持、合作和信任态度的公众。一个出版企业的顺意公众越多，说明其公共关系状态越理想。对于出版企业来说，顺意公众是它们值得信赖的主要力量，要认真做好他们的公共关系工作，经常与之保持沟通，以强化他们对本出版企业的支持力度，尽量维持与扩大顺意公众的规模。

独立公众又称"中立公众"。他们对出版企业的行为态度暧昧。独立公众越多，说明出版企业的知名度越小，其公共关系工作还有很大的提升空间。

逆意公众又称"敌意公众"，顾名思义，就是指那些不与出版企业合作甚至反对出版企业的公众。出版企业的这类公众越多，就表明其公共关系工作越不理想。由于公共关系工作是对公众表达善意，应尽量少树敌甚至不树敌，为出版企业营造和谐的发展环境，因此出版企业必须高度重视这部分公众，认真分析研究

---

① 周安华，等. 公共关系：理论、实务与技巧 [M]. 2版. 北京：中国人民大学出版社，2007：16.

这些公众产生敌意的原因，做好对敌意公众的解释、说服工作，必要时可以适度调整出版企业的政策和行为，以促使逆意公众的态度发生转变。当然，这项工作挑战性很大，但很有必要去做。

对于出版企业来说，顺意公众是主要依靠的公众，要保持和扩大顺意公众；独立公众是应该积极争取的公众；逆意公众是需要公共关系部门努力工作，转化其态度的公众，至少要把他们转化成独立公众。

三、影响公众行为的心理因素

公共关系工作是出版企业通过采取某种政策或行为向社会表达善意，本质上是一种"攻心"战，因此，出版企业了解并掌握公众的心理活动规律，对于有效开展公共关系工作很有必要。

人虽然是一个个体，但人类的群居性和其社会关系决定了每个个体又从属于某个群体，扮演着不同的社会角色。按照心理学的观点，不同的角色有着不同的心理，人的行为取决于人的心理。因此，同一个人有不同的角色，也就有不同的心理，造就了不同的行为。

对于公众来说，他既是个体公众，也是群体公众，同时也是角色公众。公众的心理也就有个体心理、群体心理和角色心理。这三种心理既相互独立又相互影响。一般认为，个体心理比较独立，群体心理较为稳固和排他，角色心理容易变化。

1. 影响公众行为的个体心理因素

个体心理因素包括知觉、态度、需要、性格、兴趣、价值观和能力。

第一，知觉与公众行为。由于个体存在着差异，人们一般是按照不同的知觉来获取和理解信息的，不同的知觉必然导致不同的个体心理与行为。在实际生活中，由于社会上存在"成见"（人们对特定的事物所持的固定化、简单化的观念和印象），人们对于社会的感知和判断并不总是正确的，这就是心理定式。它包括首次效应、经验效应、晕轮效应和移情效应等。

首次效应，是指一个人第一次进入一个新环境，第一次和某个人接触，第一次品尝一种新的食品等，留下了深刻的印象，成为一种心理定式而难以改变，这种现象称为"首次效应"或"第一印象"。它有三个特点，即层次性、广泛性和推延性。经验效应，是指在社会知觉中，人们经常受以前经验模式的影响，产生一种不自觉的心理活动的准备状态，在头脑中形成一定的思维定式，按照固定的思路去思考问题，这种现象称为经验效应。晕轮效应，是指人们对他人的认知判断首先是根据个人的好恶得出的，然后再从这个判断推论出认知对象的其他品质的现象。晕轮效应又称"成见效应"，这种强烈知觉的品质或特点，就像月晕一样，向周围弥漫、扩散，从而掩盖了其他品质或特点，所以又被形象地称为"光环效应"。人们对他人的认知和判断往往只从局部出发，扩散而得出整体印象，也即常常以偏概全。晕轮效应会在一定范围内影响人们的日常生活。移情效应，是指人们把对特定对象的情感迁移到与该对象相关的人或事物上来的现象。"爱屋及乌"就是典型的移情效应。在公共关系活动中，出版企业设法把公众对名人的情感迁移到自己的产品上来，或是迁移到自己企业的知名度上来，这是出版企业在公共关系活动中常用的手段。公共关系人员可以针对公众的兴趣、爱好开展宣传活动，增加公众的好感，使公众喜欢自己、信任自己、帮助自己。

首次效应、经验效应往往妨碍公众全面正确地认识事物的本质及其发展变化；晕轮效应容易让人一叶障目、以偏概全；移情效应则容易让人爱屋及乌，或者殃及池鱼。心理定式是一把双刃剑，如果出版企业运用得好，可以进一步强化与公众的沟通；如果运用得不好，则会弄巧成拙，造成沟通不畅或者误会，损害本企业的形象。对此，公共关系人员一定要慎重对待。

第二，态度与公众行为。态度是个体对特定对象（人、观念、情感或事件等）所持有的稳定的心理倾向。这种心理倾向蕴含着个体的主观评价及由此产生的行为倾向性。这种个体对对象的认知和评判能影响人们的行为。因此，如果个体的态度受到影响，其行为也可能会发生改变。可以开展相应的公共关系活动，达到强化与改变公众某种态度的目的，使其敌对态度朝有利于出版企业方向的改变，支持态度继续得到维系与强化。

第三，需要与公众行为。需要是人在缺乏某种东西或者受到某种刺激时所出现的一种主观状态。需要是人的主动性与积极性的原动力，强烈的需要强烈地促成人的行动。不同人的需要也不尽相同。出版企业的公共关系人员在开展公共关系活动之前，要经过认真调研、深入分析，找出不同公众的需要所在，从而有针

第三章 出版企业公共关系的主体、客体与手段

对性地提出对策,尽可能地满足公众的各种需要。

第四,性格与公众行为。性格是指表现在人们对现实的态度和相应的行为方式中的比较稳定的、具有核心意义的个性心理特征,是一种与社会最密切相关的人格特征,在性格中包含有许多社会道德含义。性格主要体现在对自己、对别人、对事物的态度和所采取的言行上。性格表现了人们对现实和周围世界的态度,是个人品质和特点的综合。出版企业开展公共关系工作可以帮助公众形成积极健康的性格,从而使出版企业在公众中赢得好感。

第五,兴趣与公众行为。兴趣是指人们对有愉悦感觉与体验的东西的一种留恋,它在很大的程度上可以指导人们的行为。兴趣是可变化的,因此公共关系人员要想与公众进行有效沟通,必须了解其兴趣、爱好及变化情况,有针对性地开展工作。

第六,价值观与公众行为。价值观是关于价值的一定信念、倾向、主张和态度的观点,即人们对是非、善恶、好坏的评价标准或取向。不同的历史社会条件、社会地位、教育水平等都会影响人们的价值观。价值观对人们自身行为的定向和调节起着十分重要的作用。公众的价值观是多种多样的,公共关系人员要注意沟通的艺术性。从而深入了解公众认知和需求状况,进而准确探知公众动机和行为,为下一步的工作奠定基础。由于公共关系本质上是传播价值理念的活动,会对公众的价值观及其行为产生影响。

第七,能力与公众行为。能力是指人们完成一定活动的本领。它包括一般能力(观察能力、想象能力、记忆能力、注意能力和思维能力等智力因素)和特殊能力(完成本职工作所必备的能力),是人们采取行为的推动力。一般来说,能力强的公众比较自信,通常也乐于接受新事物、新观念。公共关系人员要充分认识到公众的能力是不同的,要区别对待、灵活处理,如此方能提高公共关系活动的效率。

2. 影响公众行为的群体心理

群体心理是指群体成员共有的价值、态度和行为方式的总和,即人们在群体生活中形成的同其他成员一致的心理特征,这种心理可以大致解释群体行为的产生原因和形成机制。

群体心理分为两种，一种是有社会组织的群体心理，另一种是无社会组织的群体心理。在有社会组织的群体里，人们容易因为群体压力而产生从众心理和逆反心理。在出版企业的日常管理工作中，要高度重视这一现象，采取有效的预防措施，增进企业内部的团结。

无社会组织的群体心理主要有时尚、舆论、谣言和集合行为（又称"集体行为""大众行为"或"集群行为"，是指在特殊背景或条件下，不受现有社会规范控制的人数众多的自发的非社会组织行为）。其特点是短期内相互影响，快速传播，但持续时间不长。

出版企业的公共关系工作可以利用人们追逐时尚的特点，有针对性地提供相关产品、服务和观念，引领消费，开展符合"流行风"的出版企业形象宣传活动。对于舆论，首先要尊重舆论、顺应舆论，最后要适时地引导舆论，努力让公众采取与本企业一致或相似的立场。对于谣言，出版企业也不要惊慌失措，先调查谣言的来源，分析谣言的内容和意图。谣言之所以能被疯传，都是因为抓住了公众的心理。一般来说，造谣者制造谣言的动机通常有四个：蓄意报复、浑水摸鱼、哗众取宠和牟取暴利。无论造谣者是哪一种动机，出版企业的公共关系部门都可以通过及时在权威媒体发布事实证据等方式让公众了解真相，从而破除谣言。对于具有突发性质的集合行为，公共关系人员要冷静对待，选择适当的时机多做解释与沟通工作。

3. 影响公众行为的角色心理

角色心理是指公众在社会生活中，由于扮演不同的社会角色而在行为上表现出稳定的、经常的心理特点。任何公众在社会中都扮演着一定的角色。角色又有自然角色和社会角色之分：自然角色是指自然形成的角色，如性别角色和年龄角色；社会角色是指社会生活中逐渐形成的角色，如职业角色和文化角色等。不过，自然角色和社会角色的区分是相对的。

心理学认为，角色心理决定人的行为方式。而人在现实生活中担当的角色越多，其行为也就越丰富多彩。尽管人可以扮演多重角色，但所有的角色都具有年龄、性别、职业和文化的基本心理特征，这些特征有利于人们了解他们的心理状态。

第三章 出版企业公共关系的主体、客体与手段

公众的复合角色及他们的综合性的角色心理特征是公共关系心理研究的重要内容。

因此，出版企业的公共关系人员开展公共关系工作，要研究和把握公众的角色心理，包括同一公众的同一角色心理、同一公众的不同角色心理、不同公众的同一角色心理、不同公众的不同角色心理。在此基础上有针对性地策划与实施符合某一类公众心理的公共关系活动。

第三节 公共关系的手段

如前所述，所谓传播就是社会信息的传递。与自然信息和生物信息有所不同，"社会信息是人类社会交往所传递的信息"①，包括消息、资料、情报、数据、图像、知识和思想等。

一、传播要素

传播有两大要素，即基本要素和隐含要素。基本要素包括传播者、受众、讯息、媒介和反馈。

（1）传播者，即信源，信息发出者，个人、群体或社会组织皆可。

（2）受众，即信宿，信息接收与反应者，个人、群体或社会组织皆可。

（3）讯息，由一组相互关联的有意义的符号组成，能表达某种完整意义的信息，是传播者、受众双方进行社会互动的介质。

（4）媒介，即传播渠道、信道、手段或工具，讯息的搬运者，是连接传播过程中各种因素的纽带。

（5）反馈，即受众对接收到的信息的反应或回应，是受众对传播者的反作用，它体现了社会传播的双向性和互动性。

传播的隐含要素包括时空环境、心理状态、文化背景及信誉意识等。

---

① 郭庆光. 传播学教程 [M]. 北京：中国人民大学出版社，1999：4.

二、传播的基本类型

传播大致可以分为两大类：一类是人际传播，即人与人之间的传播。另一类是大众传播。

人际传播是一种社会活动，任何人的生存都离不开和他人之间的交往。在人们的交往活动中，人们相互之间传递和交换着知识、意见、情感、愿望、观念等信息，从而产生了人与人之间的互相认知、互相吸引、互相作用的社会关系网络。我们将此称为"人际传播"。人际传播可以进一步划分为直接传播和间接传播两种形式。所谓直接传播，是指传播者和受众之间无须经过传播媒体，面对面地直接进行信息交流的过程。直接传播主要是通过口头语言、类语言、体态语的传递进行的信息交流。间接传播是指在现代社会里的各种传播媒体出现后，人际传播不再受到距离的限制，可以通过这些传播媒体进行远距离交流，这就大大拓展了人际传播的范围。

人际传播具有明显的社会性特征。例如，个人独白或自言自语等仅仅为了满足自己的需要而发出的语言，不能构成人际传播。人际传播的语言是具有社会性的语言。每个人都是信息的发出者，同时又是信息的接收者，即在影响别人的同时，也受到他人的影响。人际传播的特点是比较传统、自然，传受双方的地位大致平等，有人情味，点对点的交流是其基本特点。①

所谓大众传播，是指媒体社会组织采用先进的传播技术和产业化手段，通过大批复制并迅速地传播信息，从而影响一般受众的过程。② 大众传播对社会有着潜移默化的作用，它改变着人们的工作方式和生活方式，改变着传统观念。

三、传播的特点

（1）社会性。人是社会关系的总和，传播既是在一定的社会关系中进行的以交换意义、建立社会联系为主要目的社会化行为，又是一定社会关系的体现。③ 传播行为离不开社会，人类社会也离不开传播行为。

---

① 郭庆光. 传播学教程 [M]. 北京：中国人民大学出版社，1999：84.
② 同①：111
③ 郭庆光. 传播学教程 [M]. 北京：中国人民大学出版社，1999：5.

(2) 普遍性。传播行为无处不在。

(3) 工具性。人类的传播行为是利用传播工具来监测环境、适应环境和改造环境。

(4) 互动性。传播是在人与人之间进行的，它主要表现为一种双向的社会互动行为。

(5) 符号性。符号是信息的表现形式，如语言、文字、图画、形象、表情、动作等。传播在本质上是信息符号化和符号解读的过程。传播就是用符号来传递信息。

(6) 共享性。传播的双方须有共通的意义空间。传播者传播信息的目的就是要与受众共同分享信息内容。有效的传播就是能够共享信息、立场、观念，并成功地建立某种共同性。

四、公共关系传播的定义和特点

公共关系所讲的传播，就是出版企业（或其他社会组织）在一定的社会环境里，围绕建立和维护公众的公共关系而通过媒介（主要是大众传媒）进行的一系列信息传播和信息交流活动。一方面，出版企业把自己的政策和行为信息通过媒体或其他渠道传递给公众；另一方面，公众把自己的意见、建议反馈给出版企业，然后出版企业再与公众进行沟通。如有必要，这个传播活动还可以继续循环反复，最终目的是出版企业与公众之间进行有效的沟通，最终使公众认可并赞许出版企业的政策和行为。

公共关系传播按照表现形式大致分为两大类，一是公共关系宣传，二是公共关系活动，具体包括记者招待会、展览会（展销会、博览会等）、开放参观、宴会、舞会、庆典活动、赞助活动、联谊活动、社会服务、公共关系广告、新闻策划、内部会议等。

公共关系传播除了上述一般意义上传播的特点外，还具有如下特点。

(1) 文化性。文化性是指出版企业自身的文化与外在的文化氛围。一个出版企业与公众的沟通行为，主要表现在文化这一层次上。如果公共关系活动商业交易色彩太浓，就会让公众感觉不舒服，出版企业与公众之间的沟通就会出现障碍。所以，市场意识和文化意识是公共关系传播活动所不可或缺的。

（2）情感性。在经济发达、选择多样、商品同质化十分明显的现代社会，人们选择商品、接受服务或某个观念，不再主要关注自己在物质上所获得的满足，更在乎精神情感上的愉悦。市场营销、广告、公共关系活动都需要注意在提供优质的产品和服务的前提下，以情动人，让消费者从心里亲近和信赖社会组织，才能够获得成功。

（3）道德性。出版企业在从事公共关系活动时，应当遵循社会基本的道德价值规范和行业准则，履行社会义务，维护人类共同价值观，只有这样才能获得社会的认同，赢得较高的美誉度、和谐度。

（4）创新性。相关研究表明，公众往往"喜新厌旧""见异思迁"，喜欢关注那些与众不同的言行或事物。出版企业要想吸引公众的眼球，就需要不断地创新自己的产品、服务、观念和相关公共关系活动。

五、公共关系传播媒介

公共关系传播媒介是公共关系传播的载体。一般认为，公共关系传播类型主要是人际传播、大众传播。其中，小范围的活动主要依靠人际传播，如果出版企业要想开展大规模的公共关系活动，必须借助大众传媒来大范围地迅速传递有关信息。公共关系传播媒介一般有以下四类。

1. 大众媒介

大众媒介指在信息传播过程中处于职业传播和大众传播者之间的媒介体，包括印刷媒介与电子媒介，如广播、电视、报刊、互联网等。

报纸和书刊都是以视觉为主的媒介。报纸的特点是覆盖范围大，价格低廉，版面灵活，内容繁多，容易保存。期刊的特点是印刷精美，种类繁多，发行量大，读者范围广且稳定，内容专业且有深度，容易保存；缺点是出版周期较长（至少一周），时效性差。

广播是以听觉为主的媒介，优点是传播速度快、覆盖面广、感染力强、成本低，缺点是内容简短、不易保存。

电视是兼具视听的媒介，具有时间上同步、空间上同位、受众广泛、感染力强等优点,但制作成本相对较大。

互联网兼具广播、电视、电话等媒体的优点,在世界各国发展迅速。互联网的特点是信息丰富、开放度高,可以双方互动,是典型的多媒体,发展前景广阔;缺点是信息交流的随意性较大,真实性和安全性偏低。

2. 符号媒介

根据符号学的观点,"符号是信息的外在形式或物质载体"①。符号媒介是现代社会运用极为广泛的媒介,是信息传递过程中极有意义并极易引起互动的载体,主要包括语言符号媒介(分有声语言媒介与无声语言媒介两类)和非语言符号媒介(分有声非语言媒介与无声非语言媒介两类)。

有声语言媒介就是自然语言,由于其具有形式灵活、反馈快捷、传播效果突出的特点,在公共关系传播中被大量使用。它的具体运用场合包括联谊会、新闻发布会、座谈会、茶话会、团拜会、谈判、各类演说等。

无声语言媒介是有声语言的文字符号形式,文字有各类形式,既有印刷形式,也有网络形式、电子形式。由于无声语言媒介比较正式,表达庄重严谨,传播速度快,且容易存储,也被广泛使用。除了大众传媒外,小众性质的各类通知、通告、通讯、调查报告、社交书信、会议简报、会议纪要、谈判决议、声明,以及公共关系简报都属于此类。

有声非语言媒介即语言符号的伴生符,或者称为"类语言""副语言",如声音的高低大小、速度的快慢,笑声、掌声等。它不仅对语言有辅助作用,其本身也具有自己的意义。例如,语气的平和或生硬,意义就很不同。

无声非语言媒介指体态符号或者人体语言,如动作、手势、表情、视线、姿势等。体态符号既可以独立使用,也可以和语言并用,能明显增大有声语言媒介的表达效果。作为一种重要的沟通方式,无声非语言媒介在形成传播情景方面起着重要的作用,因而在公共关系传播活动中的运用十分广泛。

必须指出,无声非语言媒介在不同的国家和地区、不同的民族、不同的文化背景下有不同的含义,对于同一个动作,在不同的民族文化(包括亚文化)中所代表的含义是不一样的,如点头和摇头在不同的国家和地区所代表的意思就正

---

① 郭庆光. 传播学教程 [M]. 北京:中国人民大学出版社,1999:43.

好相反。对于这一点，在进行公共关系传播工作的时候尤其要注意。

3. 人物媒介或人体媒介

人物媒介或人体媒介即可以其行为、服饰、素质和社会影响传达信息的人物，包括企业员工、社会各界名流、新闻人物、舆论领袖等。员工形象的好坏直接关系到公众对该企业的观感，而社会名流等与出版企业的交往与合作则会扩大出版企业的社会影响，提高公众对出版企业的关注度。

4. 实物媒介

实物媒介指的是包含出版企业相关信息的实物。这些实物在社会上的非市场流通，可以有效地传递出版企业的信息，包括品牌、理念、商标、质量、外观设计等。常见的实物媒介有公共关系礼品、象征物、产品、购物袋、徽章、旗帜、建筑物等。这类媒介的信息反馈虽然不快，但因为真实，有效地增加了出版企业的产品或服务的可信度。

以上四类公共关系传播媒介不同程度地发挥着传播的作用。至于出版企业具体如何运用这些媒介才能产生最佳效果，需要公共关系人员根据企业面临的实际情况、公共关系目标来灵活掌握。

六、公共关系传播的基本内容和基本任务

公共关系信息与一般的商务信息有所不同，它的内容有特别之处。这是因为出版企业一般会根据自身情况、传播目标、传播对象的不同而传递不同的信息。其目的可以从以下五个方面来概括。

（1）制造新闻。通过实践营销的方式吸引媒体和社会的关注，扩大本企业的影响。

（2）为促销服务。制造有利的营销气氛，淡化推销色彩，让公众从感情上接受一种新产品、新观念、新服务，为销售开道。

（3）制造喜庆气氛，对社会表达善意，改善舆论环境和关系环境，改善本企业内部的人际关系。

（4）扩大社会交往，联络感情，广结善缘。

（5）挽回不利影响。

根据出版企业的成长周期,各个阶段任务的具体内容如下。

(1) 企业开创期间信息传播的内容:企业的基本情况,如性质、类别、规模、资金、建设设想和风格等。

(2) 企业成长、成熟期间的信息传播内容:介绍企业的经营管理方针、政策、特色、新产品或新服务、价格变化、商标或企业的变动情况等,积极维护企业已经形成的良好信誉和社会形象。

(3) 风险时期的信息传播内容:企业的产品、服务特色;危机出现时及时、实事求是地披露问题产生的根源和真相,向公众道歉,并把解决问题的过程随时告知公众,以获得公众的理解和支持。

(4) 低谷时期的信息传播内容:向公众说明企业出现滑坡的主要原因,回击社会流言,诚恳地要求公众提供支持。

出版企业公共关系传播活动的基本任务就是正确地使用各种公共关系传播媒介,将以上几个方面的相关信息及时传递给公众,并收集公众的各种意见和态度,为本企业的公共关系决策提供准确的事实依据,帮助企业健康发展。公共关系传播的目的就是改变影响公众的态度,获得他们对本企业行为的理解和支持,并使他们形成对本企业的良好印象。

简言之,公共关系工作的内在要求决定了出版企业的公共关系人员要熟悉传播规律,掌握传播技巧,科学组织传播活动,使出版企业传递的相关信息有效地到达公众,使得传播具有一定的效能性。为了让信息成功地促成公众的支持行动,出版企业必须设法让相关信息被公众接收到、被公众注意、被公众了解、被公众信任、被公众记忆,并最后让公众根据企业所传播的信息而采取支持企业的行动。

七、公共关系传播与沟通原则

公共关系工作的核心是传播沟通,目的是增进了解,实现信息互换,协调误解和矛盾,加强协作,创造和维持公众对于出版企业政策与行为的认同感,并通过增强本企业对于环境的预测力,提高出版企业效能。

公共关系传播需要遵循以下几项基本原则。

1. 互动原则

互动原则也称"双向沟通原则",指的是出版企业与公众双方互相传递、互相理解的信息互动原则。双向沟通有两个阶段,即传递阶段和反馈阶段。沟通的双方互为角色,沟通能让双方对彼此的认知不断提高,逐步在更多的问题上达成共识,最大限度地快速消除沟通障碍,提高沟通质量,确保沟通活动连续、顺畅。

2. 整合原则

整合原则也称"正分合原则",是指在整体规划下,将沟通过程的各相关部分进行有效综合的原则,其目的是使沟通过程中的各个部分排列有序。

公共关系相对于出版企业而言是一个群体关系,是出版企业利益点的集合。针对不同公众,出版企业应选择不同的信息载体,推行多种沟通方式,使沟通能形成立体的整合效应。同时,出版企业要善于将分散的信息进行汇总,采用垂直、横向的沟通渠道,使各公众之间的资源实现共享。

3. 共感原则

共感原则也称"平衡原则",指的是传播者利用"相似性"的人际吸引为中介,通过有效沟通,使受众产生认同,达到双方关系协调的原则。所谓"相似性"的人际吸引,是指传播者与受众在兴趣、观念等方面具有相似性,使受众喜欢传播者,进而倾向于接受其观点,最后取得沟通效果。在日常生活中,我们常会看到这样的现象,"物以类聚,人以群分",有共同爱好、志趣和价值取向的人往往会聚集在一起。这一现象同样也出现在公共关系活动中。

一般来说,公共关系沟通能否融洽和顺畅,并不取决于传播者与受众双方的认识和交往程度,而是取决于双方沟通信息内容的共感程度,即兴趣、信仰、价值观等的契合度。如果某一方的观念、意见引起另一方的争议或抵触,就会破坏双方的共感,产生紧张和误会,影响关系的紧密。所谓"道不同不相为谋"就是这个意思。为此,针对沟通中出现的那些不协调的信息,出版企业应采取慎重的处理方式:一方面可以通过媒体表明观念,或采用座谈交流等方式给予积极引导,作进一步的沟通,以便让公众转变原来的观点和评价标准,促进彼此达成共识;另一方面要分清沟通出现障碍的焦点所在,权衡改变公众的意见、态度的可行性程度,对那些暂时无法调和的分歧,应适当作出让步,寻求最妥善的解决途径,以最大限度地求得双方的平衡与和谐。

4. 有效原则

有效原则是指传播者与受众双方的沟通要取得预期效果的原则，这一原则要求传播者充分利用信息，提高沟通的有效度和有效率，以便达到最佳的沟通效果。

沟通的有效度是指沟通对信息接收者影响的效果与程度；有效率是指依据利益点，选择适当的时间、方式、手段，快捷、准确、及时地传递信息产生的实效性和节奏感。在实际工作中，公共关系沟通对受众的影响效果主要分为正向效果与逆向效果。正向效果是指沟通使关系双方的情感、志趣、认知、价值观等共性因素产生共鸣，通过群策群力、紧密合作而形成的积极效应。共性因素的共鸣程度越高，正向效果值就越大。逆向效果是指沟通无法吸引公众的兴趣、热情、共识，甚至导致抵触、偏见、反感与敌对情绪而形成的消极效应。抵触、敌对情绪越大，逆向效果值就越大。针对正向效果，出版企业应不断地改进沟通方式，通过贴近公众的情感来强化共性因素。针对逆向效果，出版企业应调整原来的沟通方式，转变沟通态度，通过尊重公众的情感，弥补共性差异来尽力实现"逆向转化"。

第四章 出版企业公共关系工作程序

任何工作都有一定的运作程序。我们知道，公共关系不仅是一门艺术，同时也是一门科学。艺术工作需要有创造性思维，而科学工作需要有严密的逻辑思维，遵循客观规律，运用有效的方法，按照严格规范的程序展开。

通常认为，公共关系工作有四个步骤，即公共关系调查、公共关系策划、公共关系实施和公共关系评估。这个观点是美国学者格伦·布鲁姆等在《有效的公共关系》一书中最先提出的。后来，又有学者提出，应该在公共关系策划之后加上一个"可行性论证"步骤，从而使之成为"五步工作法"。应该说这有一定道理，而且这个方法已经在实践中得到了推行。本书采用传统的"四步工作法"，下面分别作简要概述。

第一节 公共关系调查

企业开展公共关系活动之前，首先要知己知彼。而要了解本企业的公共关系状态，就需要掌握一系列相关的信息，因此开展公共关系调查成为必然选择。公共关系调查是社会调查的一种形式，但与其他社会调查的关注点有所不同。它根据公共关系管理的需要，通过收集相关信息、分析各种问题及其相互关系，考察本企业的公共关系状态，尤其是公众对企业形象的评价，确立公共关系目标，或者检验某一项公共关系活动的实际运作效果"以达到解决实际问题目的"[①]。公共关系调查是一项专门的技术，它不仅可以有效地管理企业的相关信息，同时也是企业开展公共关系活动的必要前提。

---

① 孟繁荣. 公共关系策划 [M]. 北京：经济管理出版社，2011：82.

一、公共关系调查的目的和意义

1. 为企业的形象定位与塑造服务

企业的社会形象由公众的评价来体现。通过公共关系调查，公共关系人员可以准确地了解企业在公众中的形象地位，了解公众对企业的知晓程度和看法，从而找出企业自我期望的形象与其在公众心目中的实际形象的差距，进而让企业能够有针对性地开展相应的公共关系活动的策划工作，这有利于提升公共关系活动的实效性。

2. 强化企业与公众的联系，及时把握公众舆论

公共关系调查的结论是在统计分析具体、真实的数据基础上得出的，具有很强的权威性；而且，取得这些数据需要公共关系调查人员同调查对象进行多种形式的交流。因此，公共关系调查的过程实际上也是企业与公众沟通的过程，借此可以进一步强化彼此间的联系。更重要的是，公共关系调查能够准确、及时地监测与把握公众的意见和看法，这就是公众舆论。众所周知，在现代社会，公众舆论具有巨大的社会影响力。积极的公众舆论有利于企业的发展，消极的公众舆论有损于企业的形象，甚至会造成企业的危机。通过公共关系调查，监测公众舆论，企业可以及时地采取适当措施来扩散积极的公众舆论，减少负面的公众舆论，这对于企业的形象塑造来说意义重大。

3. 为企业的科学决策提供重要依据

没有调查就没有发言权，没有调查也就无法进行决策。公共关系调查的主要任务，是获得全面、真实、准确的企业形象与公众意愿方面的相关数据，防止企业纠结于并不存在或不重要的问题，以及公众不感兴趣的公共关系项目，避免浪费宝贵的时间、人力、物力和财力资源，以供企业管理层进行相关决策时参考，并使决策的正确与否得到有效检验。那些建立在周密调查基础上的、符合公众意愿的决策能够产生积极和预期的效果，企业的形象也能得到应有的提升。

4. 提高公共关系活动的有效性和成功率

企业的公共关系活动如果建立在全面、真实、准确的调查研究基础之上，再

加上相关对策的科学谋划，公共关系工作计划就会有很强的针对性、可行性，其实施的效果也会相当理想。

二、公共关系调查的原则

调查工作是一项复杂的系统工程，对数据的真实性要求很高，因此相关的准备工作要充分，参与人员要精干，实施程序要科学、合理。考虑到调查对象的数量巨大，为了保证数据的可靠性，公共关系调查要求所选的调查对象必须具有较高的代表性，能反映总体现象的全面情况，因此抽样调查的方法被广泛采用。

公共关系调查的基本原则如下。

1. 事前规划原则

事前规划原则包括两个方面的意思。第一，公共关系调查是一项重要而复杂的经常性工作，必须体现在企业的季度和年度的工作计划中，并有一套科学、规范的工作程序。第二，在开始一项具体的公共关系调查之前，企业应该制订周全的调查计划，对任务指标、人员安排、工作进度，以及可能出现的问题和对策做一个详细的方案。

调查计划在实施前，企业需要进行可行性评估和优劣评估。可行性评估的方法通常有逻辑分析法、经验判断法和试点调查法，检查调查计划是否符合逻辑和实际情况，存在哪些问题，以及是否切实可行。优劣评估有三个角度：一是调查计划是否准确体现了调查的目的和要求，二是调查计划的科学性、操作性如何，三是调查计划可否使调查的质量明显高于以往类似调查的质量。

2. 实事求是原则

公共关系调查需要全面、真实的数据。限于条件，一般的社会调查中运用普查或全面调查的比例不大，而采用抽样调查、问卷调查、新闻调查和重点访谈等方法比较常见。首先，在确定调查对象时，企业要注意其代表性，这些调查对象必须真实反映其所代表的公众的整体态度和全面情况，既有全面性，又有代表性。其次，在调查过程中，企业要准确把握公众对于本企业的客观态度，不能把公众的主观臆想当作客观态度，使数据失真。最后，调查数据必须尽可能地全面，各个方面公众的各种意见都要真实、客观地反映出来。

此外，实事求是原则也要求公共关系调查人员的立场要客观，不能因为自己是企业的员工就对公众对本企业的某些看法有所偏重，既要如实宣传企业的成就，也要对企业存在的问题实事求是，不掩盖、不回避。

3. 尊重公众原则

公共关系调查是企业的常规性工作，公共关系人员在此过程中的表现代表着出版企业的形象。因此，在整个调查工作中，公共关系调查人员都要举止文雅、态度谦和、细致耐心，尊重公众的生活习惯、宗教信仰、生活方式等，以此获得公众的积极配合，从而获得真实可靠的信息；否则，既会损害企业的形象，也会妨碍调查工作的顺利进行。

4. 讲求效益原则

这里的效益原则包括两个意思，第一是讲求经济效益，第二是使调查有时效性。公共关系调查是一项费时费力的重大工作，花费较大，只有科学规划、统筹安排、勤俭节约，才能取得"花小钱办大事"的效果。此外，还要注意调查工作的时效性。公共关系调查都是在一定的时间内进行的，公众的态度随时会因各种因素发生改变。因此，调查既要做到全面准确，又要做到处理公共关系调查数据快捷、高效。只有这样，公共关系调查人员才能够把调查报告及时提供给企业的决策层，便于企业及时采取相应的对策。

三、公共关系调查的方法

调查方法是实现调查目标的途径，科学的方法是获得科学结论的重要前提。在公共关系调查工作中，常用的方法有如下几种。

1. 抽样调查法

抽样调查又称"样本调查"，是指"根据部分实际调查结果来推断总体调查对象情况的一种方法"[①]。抽样调查的原理是，按照一定的科学程序、方法和步骤从若干单位组成的事物总体中，抽取部分样本单位进行试验、观察，用所得到的调查数据来代表样本总体，推断总体的情况。科学地抽取样本是公共关系调查

---

① 孟繁荣. 公共关系策划 [M]. 北京：经济管理出版社，2011：90.

第四章 出版企业公共关系工作程序

中的关键环节。如果调查样本抽取得不科学、不具有代表性，调查结果就会失真。

抽样调查在公共关系调查中最为常用，一般分为随机抽样（概率抽样）和非随机抽样（如重点调查或典型调查）两类。随机抽样又可以分为简单随机抽样、机械抽样、等距抽样（系统抽样）、分层抽样（分类抽样、类型抽样）、整群抽样（聚类抽样）等；非随机抽样又可以分为判断抽样、定额抽样（配额抽样、计划抽样）、典型调查、个案调查等。

（1）所谓随机抽样，是指调查对象总体中每个部分都有同等被抽中的可能，是一种完全依照机会均等的原则进行的抽样调查，是一种"等概率"。

①简单随机抽样。简单随机抽样又称"纯随机抽样"，事前对总体数量不做任何的分组排列，是"完全凭偶然的机遇从中抽取样本加以调查的一种抽样方法"①。简单随机抽样一般可采用抽签法、摇码或查随机号码表等方法抽取样本。这种抽样方式，适合于总体单位之间差异较小的状况。

简单随机抽样的实施步骤为：取得总体单位名录，即所有的调查对象；为总体单位编号；利用抽签法、随机号码表等抽取样本。

②等距抽样。等距抽样也称"机械抽样或系统抽样"②。这种抽样方法要求先将总体各个单位按照空间、时间或某些与调查无关的标志排列起来，然后等间隔地依次抽取样本单位。抽样间隔则等于总体单位数除以样本数所得的商。这种抽样方法在用于被调查的总体数量较多时更为方便，易于操作。

等距抽样的实施步骤为：取得总体抽样框架；为总体单位排队编号；计算抽样距离间隔；在抽样距离间隔数中，随机抽取一个样本单位；按照间隔数依次抽取其他样本单位。

③分层抽样。分层抽样也称"分类抽样"或"类型抽样"。它适用于总体量大、差异程度较大的情况。分层抽样是先将总体单位按其差异程度或某一特征分类、分层，然后在各类或每层中再随机抽取样本单位。分层抽样实际上是科学分组或分类与随机原则的结合。分层抽样有等比抽样和不等比抽样之分，当总数各

---

① 童兵，陈绚. 新闻传播学大辞典 [M]. 北京：中国大百科全书出版社，2014：165.
② 郭庆光. 传播学教程 [M]. 北京：中国人民大学出版社，1999：281.

类差别过大时,可以采用不等比抽样。除了分层或分类外,其社会组织方式与简单随机抽样和等距抽样相同。

④整群抽样。整群抽样又称"聚类抽样",即按照某一标准将总体单位分成若干"群"或"组",从中抽选"群"或"组",然后把被抽出的"群"或"组"所包含的个体合在一起作为样本也称"聚类抽样"。[①] 被抽出的"群"或"组"的所有单位都是样本单位,最后利用所抽"群"或"组"的调查结果来推断总体。抽取"群"或"组"可以采用随机方式或分类方式,也可以采用等距方式来确定;而"群"或"组"内的调查则采用普查的方式进行。整体抽样又可分为一段抽样和分段抽样两种类型。

(2) 非随机抽样(也称为"非概率抽样"),是指非随机抽样的样本是由调研者凭经验主观选定的,因而其代表性依赖于调研者的经验,具有主观性,所以调研结果的误差较大,不能正确地反映总体和实际情况。[②] 相比较而言,随机抽样能够比较精确地估计抽样误差,但必须获得严格的抽样框和其他的条件。在实际工作中,非随机抽样比随机抽样更多。非随机抽样无法估计抽样误差,但简单易行,适合做探索性研究。

①判断抽样,就是按照人员的意愿、经验和知识,从总体中选择被认为具有代表性的样本进行调查。选取样本的方法有两种:最能代表普遍情况的调查对象;按照一定的标准,主观选择样本。判断的意图在于选择更能具有代表性的样本。在许多的调查中,使用判断抽样的效果并不好。

②定额抽样法(配额抽样、计划抽样),即在每组中用任意抽样的方法选取样本单位的一种抽样方法。

③典型调查是指根据调查研究的目的,在若干同类调查对象中选取一个或几个有代表性的对象进行系统、周密的调查研究,从而认识这一类对象的本质特征、发展规律,找出具有普遍意义、有价值的经验和值得借鉴的教训。典型调查是一种定性调查,此法的通俗称呼为"解剖麻雀"。其优点是对事物了解得具体,资料详尽,对问题的研究深入细致,调查方法灵活多样;可以长期蹲点深入

---

① 童兵,陈绚. 新闻传播学大辞典 [M]. 北京:中国大百科全书出版社,2014:166.
② 同①.

实际，直接观察，也可以开调查会或个别访问，不用投入太多的人力。但典型调查的面较窄，难以反映事物的全貌。

调查中要注意以下几点：一是要选好典型，要有代表性。如开展《首都文科大学生课外阅读书目》调查，调查选取北京大学、中国人民大学、北京师范大学、首都师范大学这几所大学的文科学生即可。二是不能以偏概全。如以上调查的数据，可能显示北京大学的相关学生阅读哲学书籍的比例高一些，首都师范大学的同学阅读文学的比例高一些，但调查结论不能说首都文科大学生整体哲学或文学书籍阅读比例高。三是要具体分析典型经验产生的环境和客观条件（如名人图书签售会往往能促进现场图书销售，许多经销商都青睐这个方式。调查者要从签售会的时空背景、名人的类别、读者对象等方面具体分析，但不能一概而论）。四是要充分收集和占有材料，反映典型的本来面目，揭示事物的本质和发展变化规律，不能浅尝辄止。如上述《首都文科大学生课外阅读书目》调查，每个专业的学生都应该涉及，且被调查的人数要达到一定的专业标准，数据尽可能齐全，这样才能保持真实性。五是要根据事物发展的需要、社会组织管理目标和实际工作的基本趋势，注意典型的推广和借鉴价值。如有的出版社为了企业发展，在北京、上海等出版资源集中的城市建立工作室性质的策划机构，取得了不错的经营业绩。这种做大做强的举措就符合市场经济规律，值得学习和推广。六是为制定重大决策服务的典型调查（如为做大众出版的畅销书市场调查），应该尽可能丰富调查内容，扩大调查范围，以便更加充分全面地占有资料，为制定重大决策提供更为翔实的资料。

典型调查适用于调查总体同质性比较大的情形。同时，它要求研究者有较丰富的经验，在划分类别和选择上有较大的把握。实施典型调查的主要步骤是：根据调查研究的目的，通过多种途径了解调查对象的总体情况；从总体中初选出备选单位，加以比较，慎重选出有较大代表性的典型；进行典型调查，具体收集资料；分析调查资料，得出结论。

④个案调查也称"个案调查法"，是指对一个人、一个群体、一件事、一个社会集团或一个社区所进行的深入全面的调查。

个案调查的优点有两点：第一，形式灵活多样，方法不拘一格；第二，深入把握个案全貌。

个案调查也有局限性，主要表现为以下两点：第一，对调研人员的要求高。个案调查的应用比较广泛，无论是机关个案、学校个案，还是出版企业个案、城市建设个案等社会、政治、军事、经济领域的情况，均可立案调查，因而它对调查研究人员的素质要求颇高。如果没有专门的知识和丰富的实际经验，就很难深入细致地进行调查。第二，缺乏代表性。个案调查的调查对象不一定是典型的。它只能为解决"面"上问题提供一定的借鉴。

2. 普查法

普查法也称"全面调查法"，指的是在规定的时间内，按照一定的方法，统一的项目、统一的调查表和统一的标准时点，对全体样本普遍进行无遗漏的、一次性的调查登记的方法。例如，我国的人口普查采用的就是此法。普查法通常由专门的普查机构来主持，需要社会组织统一的人力和物力，确定调查的标准时间，提出调查的要求和计划。这种调查方法的基本特点是具有全面性、精确性、相对稳定，有十分明显的优势。不过，普查法的工作量较大，除非特需，这种调查法仅适合于调查对象总体数量不大、调查成本不高的情形。所以，在公共关系调查过程中，这种调查法不常被采用。

3. 媒介调查法

媒介调查法包括两种具体操作法，一种是新闻调查法，另一种是网络媒介调查法。

所谓"新闻调查法"，是指调查人员根据各类新闻媒介上出现的相关新闻报道，了解并研究调查对象（公众）的意见和态度的方法。

网络媒介调查法指的是调查人员通过网络获取调查对象（公众及其他群体）的信息的方法。公共关系调查人员可以通过点击访问、传递电子邮件和在线沟通等方式同公众交流。由于网络具有传播范围广、传播速度快、亲和度高等特点，不仅可以使公共关系调查的数据来源广泛，而且能更加及时地获取数据。

现在的新闻调查法是人工走访、文字叙述、摄影摄像、互联网获取等多种方式并行，多种方式的结合不仅让新闻调查可以全方位地进行搜查，还可以让新闻媒体在最短的时间内获取相关新闻的各种文字、图像、影像信息，从而不断地丰富新闻的内容。此外，通过互联网传播的方式，还可以让新闻调查者在最短的时间内获取更多的新闻。

4. 重点访谈法

重点访谈法是通过人际交往的方式进行调查的一种方法。重点访谈法是选择关键人群或重点人物（政府官员、社会名流或舆论领袖）作访谈，提出问题让其直接回答，以调查和了解他们的意见和态度，然后分析这些意见和态度的形成原因。之所以选择这些重点人物，主要是考虑到他们具有一定的知名度和社会号召力，能左右公众的意见和态度。

重点访谈法可以分为访谈法、通信调查和电话访问三种形式。这种方法对调查人员的综合素质特别是社会交往能力的要求比较高。此外，调查人员如何确定合适的重点人物也是一个挑战性很强的工作。

重点访谈法的一般流程如下。

（1）调查人员接收下发的任务书，确定好联络员。

（2）调查人员根据调查对象制定约人（被访者）方案。确认被访者的条件，确认事先制定好的调查问卷，制定给予被访者和联络员的劳务费标准。

（3）调查人员预约被访者。程序大致如下：调查人员先对联络员进行培训，说明被访者条件、提供调查所需的介绍信及访问说明材料、劳务费标准、访谈时间、约人注意事项等；然后由联络者约被访者，对于具有相同背景的人选，最好多约几人备选；调查人员根据被访者的背景情况，采用突然发问等形式对预约被访者进行侧面甄别；最后调查人员与被访者确认深访时间。必须注意，同一个调查人员所约的被访者之间不能相互认识，并且不能是同一单位的。此外调查人员要科学合理选择被访者，使其数量、行业、职务、从业工龄、生活背景均匀分布。

（4）正式访问。主要做两项工作：一是调查人员现场对被访者进行问卷访问和录音；二是调查人员与被访者进行一对一访问。

（5）调查结束后，调查人员要及时做好调查资料的整理工作，记录存档留底，并做好调查之后的善后工作。

5. 问卷调查法

问卷调查法指的是调查人员在表述前提假设和理论框架（包括调查对象的基

本情况、动力因素、态度和行为）的基础上，向特定调查对象发放调查问卷并进行统计分析的一种调查方法。凡是属于第一手资料收集的公共关系调查，都要经过问卷调查这一环节。这种调查法要求调查人员科学、严谨地设计调查问卷，如此才有可能让调查获得成功。

一般来说，问卷调查法的成本较低，获取的数据较为客观，但回收率难以保证（达到75%以上时方能作为研究结论的依据）。此外，由于公共关系本身是一门科学与艺术，调查问卷中常常会出现相对复杂的问题，这对调查对象的文化素质提出了较高的要求，因而调查人员选择恰当的调查对象也比较费精力。

根据对问题和答案设计的不同，调查问卷可分为开放式问卷和封闭式问卷。

开放式问卷实质上是一个没有提供答案的调查提纲，答题者可以自由选择答案。此种调查问卷适合于素质较高的调查对象，多用于探索性研究，适合讨论一些比较复杂、有一定深度的问题。调查人员可能会因此得到颇有见地的看法和其他有价值的信息。但这种调查方法的答卷率、回收率难以保证，且不方便对回收的调查问卷进行统计。

在封闭式问卷中，调查对象只能在调查人员提供的多种答案中选择一种或多种答案。在实践中，封闭式问卷因具有答案规范、统一，以及便于调查人员统计分析的优势而广受欢迎。其不足之处就是可能会遗漏一些尚未被调查人员认识到的重要问题和答案。如果这类答案的比例偏大，势必会影响调查的整体质量。

上述两种调查问卷在实际操作过程中各有利弊，调查人员要根据调查对象的客观情况和工作的实际需要灵活选用。将两种调查问卷综合使用，能获得比较客观、真实、全面的数据，调查效果比较好。

一般的调查问卷包括引言或导语、调查项目和相关信息三个部分。

引言或导语主要用于简要说明调查的意义和目的，以及有关事项，如调查者是谁，调查结果如何使用，有哪些保密措施（涉及个人隐私和敏感问题时）等，还包括解释某些项目的意思，提示如何填写调查问卷等内容。调查项目也就是具体的问题及其回答方式，一般分为开放式、封闭式两类。相关信息包括调查问卷的编号、调查对象基本情况、调查问卷的使用日期、调查问卷的各部分序号等，这些主要供统计资料时用。

6. 现场观察法

现场观察法指的是根据一定的研究目的、研究提纲或观察表，安排有敏锐观察能力和分析判断能力的调查人员到现场，以公开或隐蔽的身份，利用自己的感官和辅助工具，如现代影像器材（手机等），来观察调查对象的态度与行为，并形成记录资料的一种方法。

科学的观察具有目的性和计划性、系统性和可重复性。常见的观察方法有核对清单法、级别量表法和记叙性描述。观察者一般利用眼睛、耳朵等感觉器官去感知观察对象。由于人的感觉器官具有一定的局限性，观察者往往要借助各种现代化的仪器和手段，如照相机、录音机、显微录像机等来辅助观察。

现场观察法的效果直接，所以被经常采用，但它对环境的要求较高。现场观察法的种类如下。

（1）自然观察法。自然观察法是指调查员在一个自然环境中（如超市、展示地点、服务中心等）观察调查对象的行为和举止。

（2）设计观察法。设计观察法是指调查机构事先设计模拟一种场景，调查员在一个已经设计好的并接近自然的环境中，观察调查对象的行为和举止。所设置的场景越接近自然，被观察者的行为就越接近真实。

（3）掩饰观察法。众所周知，如果被观察人知道自己被观察，其行为可能会有所不同，观察的结果也就不同，调查所获得的数据也会出现偏差。掩饰观察法就是在不为被观察人、物或者事件所知的情况下，监视他们的行为过程。

（4）机器观察法。在某些情况下，用机器观察取代人员观察是可能的，甚至是所希望的。在一些特定的环境中，机器比人更经济、更精确和更容易完成工作。

现场观察法对调查人员有较高的要求。

第一，养成观察习惯，形成观察的灵敏性；集中精力勤奋、全面、多角度进行；观察与思考相结合。

第二，制定观察提纲。观察提纲因只供观察者使用，所以应力求简便，只需列出观察内容、起止时间、观察地点和观察对象。为使用方便，调查人员还可以制作观察表或卡片。

第三，按计划（观察提纲）实行观察，做好详细的记录，最后整理、分析、概括观察结果，得出结论。

调查人员应用观察法时应注意以下原则。

（1）全方位原则。在运用观察法进行社会调查时，应尽量以多方面、多角度、不同层次进行观察，收集资料。

（2）求实原则。观察者必须注意下列要求：密切注意各种细节，详细做好观察记录；确定范围，不遗漏偶然事件；积极开动脑筋，加强与理论的联系。

（3）必须遵守法律和道德原则。

观察法可以在以下情况下使用：对研究对象无法进行控制（如名人签售会上的崇拜者）；在控制下，可能影响某种行为的出现（如不让带手机时学生的学习状态变化）；由于社会道德的需求，不能对某种现象（如学生痴迷于言情或武侠小说）进行控制。

为避免主观臆测和偏颇，应遵循以下四点：每次只观察一种行为；所观察的行为特征应事先有明确的说明；观察时要善于捕捉和记录；采取时间取样的方式进行观察。

7. 控制实验法

控制实验法是在传播学的研究中经常会用到的一种研究方法。控制实验法是人们根据一定的科学研究目的，运用一定的物质手段，主动干预或控制研究对象，在典型的环境中或特定的条件下进行的一种探索活动，又称"对照实验法"。[①]

控制实验法是由调查人员在事先设置的环境里，并在研究进行时对某些实验因素加以人为的控制。它适用于微观的、探究因果关系的研究。因此，它们的实验对象人数不多，常为几十人，现场观察调查对象的态度与行为，进而获得相关信息资料。

控制实验法是传播学研究中的一种最古老的方法，为了显示传播因素间的直接因果关系，利用实验室的控制实验往往是行之有效的方法。不少公共关系调查活动也采用此法。

---

① 童兵，陈绚. 新闻传播学大辞典 [M]. 北京：中国大百科全书出版社，2014：165.

控制实验的实质在于控制或消除一些次要因素，将可能产生影响的重要因素置于实验条件下，观察其对因变量的作用，揭示其因果关系。控制实验与其他研究方法的区别在控制上：运用问卷调查和内容分析方法进行描述、解释，整个研究过程不改变观察对象（无论是受众还是信息），观察对象始终处在自然状况中；而控制试验的特征是在控制的前提下，显示一个或多个自变量与一个或多个因变量之间存在的因果关系。

具体来讲，有以下三个方面的控制。

（1）控制实验环境。在控制实验中，为了尽可能地排除外部因素的干扰，研究者可以根据研究课题的需要，把实验环境在模拟现实时做简化处理，使实验环境和现实生活的影响分离开，并通过设计特定的实验环境，如场所、噪声等，达到对特定条件的控制。

（2）控制研究变量。控制试验法的特点在于能主动引起所要研究的现象，不必等它们自发出现。因此，研究者可以控制自变量和因变量的数量、类型、刺激强度和操作方式等。

（3）控制实验对象。控制实验法对研究对象具有更强的控制能力。研究者可以对参加实验的对象的人数、类型和结构等进行控制，还可以很好地控制其接触特定的实验情境，使实验结果更加有效。

控制实验法的基本运作程序大致由以下几个环节组成。

（1）选择课题，确立研究假设。同其他的研究方法一样，控制实验首先要有明确的研究目的；其次是简化众多的影响因素，选择具有重要影响的因素；最后确立自变量和应变量，并在假设的描述中详细地说明所要探测的变量之间的关系。

（2）选择实验对象。运用随机抽样的方法，把固定群体或现成的群体作为样本对象，从中抽取实验对象。

（3）设计实验方案。根据实验目的的不同，传播学研究常用到三种类型的实验。

第一种是"单一事后测试控制实验"。其做法是将实验对象随机地分成两个等质的小组，对其中一组实施信息刺激，而对另一组不实施信息刺激。对两组均不作事前测试，只进行事后测试，实验目的是观察两组之间因信息刺激提示的有无而产生的差异。

第二种是"前后测试控制实验"。其做法是对第一组实施两次测试，以观察比较信息刺激提示前后的变化。对第二组同样实施前后两次测试，但不提示信息刺激，以观察无刺激条件下的自然变化，并对两组进行比较。

第三种是"所罗门4组控制实验"。其做法是把实验对象随机分成4组，给予不同的实验条件，目的是对测试结果进行多方面的比较。①

这三种类型只是控制实验的基本做法，在从事具体课题的研究时，可以根据需要做一些变更，设计出更为科学有效的实验方案。

（4）实施测试。将实验对象置于特定的实验控制环境里，按既定程序实施测试，收集反应数据。整理分析实验数据，得出结论，检验假设，形成实验报告。

控制实验具有两个鲜明的特点。第一，研究对象较少。调查法一般都是对数量庞大的调查对象进行大量的观察和访问，其研究对象往往被称为"大样本"。而控制实验法则主要是探求少数变量与传播效果之间的因果关系，其研究对象通常只有数十人，因而是"小样本"。第二，控制实验法的研究环境是在实验室，而调查法则是在社会环境中进行。

控制实验法的优势在于，控制实验逻辑程序严密。研究者可以对实验因素加以控制，从而突出某些变量的作用。但是，其实验环境终究是人为设置的，与实际生活中复杂多变的状况有一定的距离，因此实验的结果往往会有误差。

鉴于此，作为弥补这一缺陷的一种手段，传播学界的传播实验已经开始转向"自然实验法"或"社会实验法"。这种方法就是将整个社会环境作为"实验室"，采用多元分析的方法来进行控制实验，即研究者在自然环境下对研究对象进行有目的有计划的观察，获得第一手资料并确定对研究对象言行的解释。②

8. 文献研究法

文献研究法又称"文献阅读法"，主要指收集、鉴别、整理各类调查研究成

---

① 郭庆光. 传播学教程［M］. 北京：中国人民大学出版社，1999：290.
② 童兵，陈绚. 新闻传播学大辞典［M］. 北京：中国大百科全书出版社，2014：164.

果（文献），并通过对文献的研究了解和分析情况，形成对事实的科学认识的方法。文献研究法是一种古老而又富有生命力的科学研究方法。文献研究法通过对文献的定量分析，实现对事实的科学认识。这些文献包括出版物、档案（政府相关文件、各类统计材料、相关会议记录、大事记等）、个人资料（日记、信函、回忆录和合同等）。

文献研究法的主要优点如下。

（1）文献研究法超越了时间、空间限制，通过对古今中外的文献进行调查可以研究极其广泛的社会情况。这一优点是其他调查方法无法比拟的。

（2）文献研究法主要是书面调查，如果收集的文献是真实的，那么它就能够获得比口头调查更准确、更可靠的信息，可以避免口头调查可能出现的种种记录误差。

（3）文献研究法是一种间接的、非介入性调查。它只对各种文献进行调查和研究，而不与调查对象接触，不介入调查对象的任何反应。这就避免了直接调查中经常发生的调查者与调查对象在互动过程中可能产生的种种反应性误差。

（4）文献研究法是一种非常方便、自由、安全的调查方法。文献调查受外界的制约较少，只要找到了必要文献，就可以随时随地对其进行研究。即使出现了错误，还可通过再次研究进行弥补，因而其安全系数较高。

（5）文献研究法省时、省钱、效率高。文献调查是在前人和他人劳动成果的基础上进行的调查，是获取知识的捷径。它不需要大量的研究人员，不需要特殊设备，可以用比较少的人力、经费和时间，获得比其他调查方法更多的信息。因而，它是一种高效率的调查方法。

文献研究法的一般过程包括五个基本环节，即提出课题或假设、研究设计、收集文献、整理文献和进行文献综述。

文献研究法的提出课题或假设是指依据现有的理论、事实和需要，对有关文献进行分析整理或重新归类研究的构思。

研究设计首先要建立研究目标，研究目标是指使用可操作的定义方式，将课题或假设的内容设计成具体的、可以操作的、可以重复的文献研究活动，它能解决专门的问题，具有一定的意义。

收集文献、整理文献和进行文献综述的实施步骤是：建立索引，根据调查对象开列文献清单；根据索引查阅和记录文献资料；核实文献并分类登录。简单来说包括三个步骤："建立索引、查阅和记录文献资料；对文献的核实及分类登录"①。

核实文献就是去伪存真、避轻就重的过程，其目的是获取那些有价值的文献。经过鉴别的文献，要根据调查任务和提纲的要求进行分类，然后把分类后的每一份文献都标上编号并保存备用。

文献综述是最关键、最有价值的一个环节。它是指在全面收集有关文献资料的基础上，经过归纳整理、分析鉴别，对一定时期内某个学科或专题的研究成果和进展进行系统、全面的叙述和评论。综述分为综合性的和专题性的两种形式。综合性的综述是针对某个学科或专业的，而专题性的综述则是针对某个研究问题或研究方法的。

文献综述的特征是依据对历史和当前研究成果的深入分析，指出当前的水平、动态、应当解决的问题和未来的发展方向，提出自己的观点、意见和建议，并对各种研究成果进行评述，为当前的研究提供基础或条件。对具体科研工作而言，一个成功的文献综述，能够以其严密的分析评价和有根据的趋势预测，为新课题的确立提供强有力的支持和论证。在某种意义上，它起着总结过去、提出新课题和推动理论与实践新发展的作用。

文献综述的内容决定文献的形式和结构。由于课题、材料的占有和资料结构等方面的情况多种多样，很难完全统一或限定各类文献综述的形式和结构。但总体而言，文献综述的形式和结构一般可粗略分为绪论、历史发展、现状分析、趋向预测和建议及参考文献目录这五个部分。

四、公共关系调查的内容

1. 企业形象调查

企业形象包括的内容有很多，如企业精神、价值观念、行为规范、道德准则、经营作风、管理水平、人才实力、经济效益和福利待遇等，企业形象是这些

---

① 马德顺. 中级公关员应试指导 [M]. 北京：中央广播电视大学出版社，2004：89.

要素的综合反映，也"是公众对企业及其行为的认识和总体评价"①。

企业形象具有以下几个方面的特征。

（1）整体性。企业形象是一个有机的整体，形象是由企业内部诸多因素共同作用的结果。企业形象包括企业历史、社会地位、经济效益、社会贡献等综合性因素；员工的思想、文化、技术素质，以及服务方式、服务态度、服务质量等人员素质因素；产品质量、产品结构、经营方针、经营特色、基础管理、专业管理、综合管理等经营管理因素；技术实力、设备、地理位置等其他因素。这些不同的因素形成不同的具体形象，但这些具体形象只是构成企业整体的基础，而完整的企业形象是各个形象要素所构成的具体要素的总和，这才是对企业具有决定性意义的宝贵财富。当然，对有些企业而言，可能会因某一方面的形象比较突出，进而掩盖其他方面的形象，导致企业形象的片面性或不完整性。其实，这也是正常的，因为企业的宣传有侧重点，公众也不可能全面了解企业，对企业的印象大部分都是源于他们所能接触到的企业的一个或少数几个方面的情况，这就要求企业要认真对待每一个方面、每一个环节，从而在公众心目中树立良好形象。

（2）主观性。企业形象是公众对该企业的意见或看法，是一种主观的东西，这样公众对同一企业及其行为的认识和评价就必定会有所不同。此外，在形象塑造和传播过程中，必然要发挥企业员工的主观能动性作用，体现企业员工的思想、观念和心理色彩，因此，企业形象是主观的。

（3）客观性。形象是一种观念，是人的主观意识，但观念反映的对象却是客观的。也就是说，企业形象所赖以形成的物质载体都是客观的。建筑物是实实在在的，产品是实实在在的，企业的员工也是具体的，企业的各种活动也是实实在在的。因此，企业形象作为客观事物的反映，是不以人的意志为转移的，不能在虚幻的基础上构筑企业形象。企业形象是客观的，也是基于一种统计规律。企业形象是公众的意见或看法，这个公众不是单个的人或少数群体社会组织，而是一个公众的集合。个人的意见是主观的、可变的，但作为一个整体的公众或大多数公众的意见则是客观的。虽然大多数人也可能被误导或因其他原因而产生错误看法，但这也正是公共关系状态的一种反映。如果不从整体公众来理解企业形

---

① 张克非. 公共关系学 [M]. 3版. 北京：高等教育出版社，2014：142.

象，便无法形成完整的企业形象。

（4）相对稳定性。当公众对企业产生一定的认识和看法以后，一般会保持一段时间，而不会轻易改变或消失，这就是企业形象的相对稳定性。要在公众心中留下一个印象并不容易，特别是在当今产品众多、广告泛滥的年代。要改变一种产品或一个企业在公众心中的形象就更难了。企业形象的这种相对稳定性可能会产生两种结果，其一是企业因良好形象被维持而受益，其二是企业因不良形象难以改变而受损。当然形象不是一成不变的，但要改变一种形象总是不容易的。

企业形象调查包括两个方面的内容，一是企业的自我形象调查，另一个是企业的社会形象调查。

企业的自我形象就是企业期望确立的企业形象，它是企业开展公共关系活动的内在动力和努力方向。一般来说，期望值越高，企业所要作出的努力就越大，否则就越小。但这种期望必须建立在可能实现的基础上。

企业自我形象调查主要涉及两个内容，即企业的主观愿望和客观条件，调查对象是企业的管理层和一般员工。具体涉及以下几个问题：管理层对企业自身形象的目标定位、对企业目前的工作的满意程度、对企业公共关系活动的基本设想和期望值；员工对企业现状的看法，以及对企业的要求；企业的客观现实情况（包括历史、目标、政策与措施、社会贡献、经营管理情况、公共关系意识、存在的急需解决的问题等）。

通过上述几个方面的调查，从主观愿望和实际可能的结合上，基本可以确定企业的自我期望形象。

企业的社会形象是公众对企业进行综合评价后所形成的总体印象。企业的社会形象调查所针对的是企业的目标公众，可分为三个步骤进行：

首先是分析公众对象，其次是测定企业形象，最后是分析形象要素（如经营方针、规模、产品质量、管理效能等）。调查的具体内容包括：公众范围，公众分类，公众需求，公众对企业形象（包括社会声誉、产品、服务、员工素质、管理水平、效能等）的评价，尤其是企业的认知度（认知是公众在了解企业后所作出的带有主观色彩的判断）、美誉度和和谐度，这些是调查的重点，应尽量量化这些指标。最后，要根据调查得来的数据进行分析，把企业的实际公众形象与企业的自我期望形象进行对比，找出差距，并分析产生这些差距的主要原因。

2. 公众舆论调查

所谓"舆论"，是指社会中相当数量的人对于一个特定话题所表达的个人观点、态度和信念的集合体。舆论是大众社会中普遍存在的一种现象，对个人或群体会发生一定的影响，它既可以约束个人或群体的行为，同样也可以鼓励个人或群体的行为。

舆论作为公众意见（公共意见）是社会评价的一种，是社会心理的反映。它以公众利益为基础，以公共事务为指向，并因此具备许多独有的个性，具有公开性、公共性、急迫性、广泛性和评价性。

所谓"公众舆论调查"，是指对公众的态度倾向进行统计分析，用数据来显示公众的整体意见。公众舆论对于企业的生存与发展关系重大，企业应该充分尊重公众的权利，高度重视公众的需要和关注点，并据此塑造企业的形象。

出版企业公众舆论调查的内容包括：第一，知晓公众的构成，包括知晓公众的数量和比例、种类、地区和行业分布；第二，知晓公众对企业的需求、对有关问题的了解程度和他们所掌握的企业信息的基本情况；第三，公众对企业的态度或倾向，包括公众对企业的认知与公众对企业的评价两个部分。

进行公众舆论调查需要有较扎实的专业知识，要按照一定的指标体系（舆论测量模型）来测量、调查舆论。虽然公众舆论是由各种意见和态度构成的整体，但也是可以分解的。分解后的舆论，其倾向和影响力可以测定出来。不过，公众舆论往往是变化的，这一点需要特别注意。

3. 传媒调查

传媒调查主要包括各传媒分布（地区、行业、类型分布等），覆盖范围，传播内容，传播特色，传播重心，传播动向，传播效果，社会影响等方面的调查。

4. 社会环境调查

社会环境调查的调查范围包括政治环境、经济环境、社会环境、科技环境、竞争环境等。

政治环境调查包括出版企业所在国家和地区的政治结构、政治气氛和变化趋势，国家和政府有关部门近期已颁布或有可能颁布的各项政策和法令，以及这些政策和法令对本企业的发展有可能产生的影响。经济环境调查包括世界经济发展现状和走向、国家经济发展战略、经济发展趋势、资源和能源的储量和开发情况、当前国民经济发展的整体水平、国民收入的现状和发展趋势、社会购买力的特点及居民消费结构的变化特点和发展趋势。社会环境调查包括社会观念和行为规范的变迁，社会流行思潮及它对公众行为的可能影响，人们的价值观念、行为方式、消费倾向、宗教信仰、文化素质、道德规范等方面的变化，此外还包括上述因素对有关出版企业发展的制约和影响。科技环境调查包括目标市场的技术水平、技术特征、技术要求、技术标准、技术类型，以及国际市场创新的趋势和值得关注的问题。竞争环境调查包括出版业情况、出版企业在竞争中所处的地位、竞争对手的现状和动向，以及竞争对手的公共关系活动情况。

五、公共关系调查的程序

1. 调查准备阶段

首先，明确调查任务。就是确定公共关系调查活动的课题，即研究要解决什么问题，达到什么目的。一般来说，企业所能选择的调查课题很多，这主要取决于企业近期或长远的需要。调查课题一般分为两类，即描述性课题和解释性课题。前者通过具体数据来描述对象的轮廓和细节，后者则解释某些现象之间的因果关系并提出解决方案。其次，制订调查方案。调查人员根据企业形象的现状和目标要求，分析现有条件，设计出最佳行动方案，具体包括设计调查指标、选择调查对象和规划调查活动等部分。最后，准备调查条件。调查条件主要包括人员、物资和交通等方面的准备。

2. 资料收集阶段

在此阶段最主要的工作就是文件资料的收集。要合理地运用多种手段，尽可能地保证调查问卷的回收率达到较高水平。

3. 整理分析阶段

第一步，整理调查资料，即对调查中所取得的全部资料进行检验、归类、统计。第二步，分析调查结果，即用图表等方式显示统计数据，并进行必要的分析。

4. 报告完成阶段

撰写调查报告是公共关系调查活动的最后一个环节，也是最重要的一个环节。它可以准确地反映企业的公共关系状态，特别是公众舆论情况，检验公共关系活动的完成情况及其社会影响，总结公共关系工作经验与教训，以便于今后进一步开展工作。

调查报告包括的内容一般有：调查题目（标题），导言（调查委托人、调查主持人、调查日期、调查原因和目标、调查对象、调查方法），调查结果和数据，结论，建议，署名（调查单位和报告完成时间），以及附件（调查表、统计数据及表格、背景资料等）。

调查报告应按照标准格式写作，在写作时注意以下问题：第一，使用通用的普及词汇，尽可能地避免出现行话和专门术语；第二，要考虑读者的立场、观点、阅历和阅读习惯；第三，要尽可能用统计图、统计表来直观展示材料；第四，注意合理安排各部分之间的篇幅比例，重要的项目可以深入展开。一份合格的调查报告应做到内容简明、体例系统、数据准确、分析严谨、重点突出、结论可靠。

5. 总结评估阶段

调查报告形成后，还必须对调查过程与调查结果进行总结评价，重点说明调查中的资料收集情况、技术手段的运用、调查程序等，以便企业的相关人员更清楚地了解调查的完成情况，准确地掌握调查成果，总结过去公共关系工作中的经验教训，为以后的公共关系调查活动提供借鉴。

第二节　公共关系策划

策划的含义是谋划，是一种智慧创造活动。学者张克非认为，"公关策划是在调研的基础上，针对组织需要解决的主要的公关问题，按照科学与艺术的方法、原则，确定公关活动的目标、主体和战略，设计最具特色和影响力的具体活动项目,制订最佳活动方案。"① 它以客观的公众分析为基础,以最佳活动效果为目标,是公共关系工作程序的一个重要环节。

公共关系策划提高了信息传播的科学性,有利于推动企业的目标管理,是公共关系价值的集中体现。有的学者认为,策划在公共关系中的地位应该是最重要的,它不仅是一切公共关系活动的先导,同时也应当是公共关系活动的核心。应该说这种观点不无道理,但有点偏颇。事实上,公共关系活动有一整套科学严谨的运作程序,每一个环节都非常重要,不可或缺。那种不考虑客观环境因素、脱离社会组织和公众实际的所谓超级"点子",并不适用于公共关系活动。

一、公共关系策划的特征

1. 目的性

公共关系策划具有明确的目的,所有的公共关系策划都是围绕公共关系目标展开的。公共关系目标既是公共关系策划的起点,同时也是它的归宿。

2. 计划性

公共关系活动要按照企业自身发展的特点、现实和未来的需要,以及公众接收信息的客观规律,有计划、有步骤地展开。

3. 科学性

公共关系策划是一项专业化程度很高的技术工作,它需要丰富的专业技能和手段,因此必须立足于企业的现实,立足于公众的意愿,立足于所处的环境,要符合客观规律,按照严格规范的科学程序与方法来进行。绝不能随心所欲,异想天开。

4. 全局性

策划是对企业整体公共关系活动的规划,涉及面广,既要考虑社会利益、企业的利益,也要纵观全局,结合企业的长远目标、近期目标来统筹考虑。

5. 创新性

公共关系策划必须突破常规,依靠创造性和表现力所形成的独特"亮点",

---

① 张克非. 公共关系学 [M]. 3版. 北京:高等教育出版社,2014:151.

吸引公众的兴趣，引起公众的共鸣。创新是公共关系策划的灵魂。

6. 灵活性

企业赖以生存的环境随时都可能发生变化，企业本身也在不断地变化、发展，相应地，公共关系目标及其公共关系活动也要随之变化。

当代策划已经发展到了多学科、多方人力共同合作、完成的群体策划阶段，从经验决策变为科学决策，这是一个里程碑式的进步。

二、公共关系策划的基本原则

1. 实事求是原则

任何公共关系策划都要以客观事实为依据，尊重客观事实和客观规律。塑造企业形象必须做到真实、全面和公正。此外，还要根据客观环境、企业目标、企业资源的变化，随时调整公共关系策划方案。

2. 开拓创新原则

独创性是企业形象竞争的需要，公共关系策划只有包含独特新颖的因素，才能令人耳目一新，从而吸引公众的注意力。

3. 顺应公众原则

在现代社会，公众的态度与行为对于企业的发展至关重要。企业要想获得良好的生存与发展环境，就必须适应公众的要求，处处为公众的利益考虑，还要与公众保持密切的关系。企业要想吸引公众，当然是"攻心为上"，满足公众需求，进而以产品、服务和观念去引导公众，在此过程中巧妙地传递企业的良好形象。

对企业来说，公众利益优先是自身运作的本质要求，因而也是企业公共关系策划的首要原则。企业除了通过产品与服务为社会做贡献外，还要重视公众对企业的反应，关心整个社会的进步与发展。事实上，企业只有坚持公众利益至上，才能营造更好的生存与发展环境，从而使自身获得更大的利益。

4. 注重效益原则

公共关系活动本质上是企业的一项投资，讲究回报。公共关系策划工作要充分意识到这一点，既要考虑社会效益，也要考虑经济效益。

三、公共关系策划的程序

公共关系策划大致有九个步骤,即制定目标、确定公众、确定类型、拟定主题、选择时机、选择媒介、编制预算、审定方案和撰写计划书。

1. 制定目标

公共关系活动的目标,指的是企业通过实施公共关系活动而希望达到的某种状态、预定成果及其衡量标准(具体指标)。一般来说,在结束公共关系调查之后,公共关系策划人员就要根据调查中发现的问题和机会,进一步收集并处理相关信息(包括政府决策信息,国家相关政策、法律法规信息,新闻媒介信息,市场信息,产品或服务形象信息,出版企业形象信息,同行信息,顾客信息等),进而确立公共关系的策划目标。

在制定公共关系目标时,一定要结合企业和公众的实际,要有很强的针对性和一定的灵活性。目标要具体、明确,具有可行性与可控性,既要突出重点,又要做好各部分与各环节的平衡。要努力追求公共关系目标与企业目标的统一、企业利益与公众利益的统一。

出版企业的各个方面都可以成为公共关系的目标,至于制定哪些公共关系目标,则要根据各企业的具体情况来定,一般来说有以下十六种。第一种,企业的新产品(出版物)、新技术、新设备、新服务项目开发之中,要让公众对它们有足够的了解;第二种,在开辟新市场(特别是海外市场)、新产品或服务推销之前,要在新市场所在地的公众中宣传企业的声誉,提高知名度;第三种,转产其他产品(如纸媒转新媒体)时,要调整企业的对内、对外形象,以便让新的企业形象与新产品相适应;第四种,参加社会公益活动,并通过适当的方式向公众宣传,增加公众对企业的了解和好感;第五种,开展社区公共关系活动,与企业所在地的公众沟通;第六种,本企业的产品或服务在社会上造成不良影响后,进行公共关系活动;第七种,为本企业的新的分支机构、新的销售点、新的驻外办事处进行宣传,使各类公众了解其性质和作用;第八种,让企业内外的公众了解企业的高层领导关心社会、参加各种社会活动的情况,以提高企业的声誉;第九种,发生严重事故后,要让公众了解企业处理的过程、采取的方法、事故发生的原因,

第四章　出版企业公共关系工作程序

以及正在做出的努力;第十种,创造一个良好的消费环境,在公众中普及同本企业有关的产品或服务的消费方式、生活方式;第十一种,创造股票发行的良好环境,在本企业的股票准备正式上市挂牌前,向各类公众介绍产品特点、经营情况、发展前景和利润情况等;第十二种,通过适当的方式向公众介绍本企业产品的商标牌号、企业名称等;第十三种,了解上级主管部门需要得到支持的情况,协调企业与政府的关系;第十四种,赞助社会公益事业;第十五种,准备同其他企业建立合作关系时,对本企业的内部公众、企业的合作商及政府部门宣传合作的意义和作用;第十六种,处在竞争危急时刻,通过联络感情等方式,争取有关公众对企业的支持。①

　　上述目标繁多,可以有多种分类法,如按照公共关系目标实施的时间跨度来划分,可以分为长期目标和近期目标;按照规模来划分,可以分为总目标和分目标;如果按照公共关系目标的性质来划分,可以分为一般目标和特殊目标。通常做法是按照企业目标的功能来划分,有如下四种类型。

　　(1)信息传播。企业通过媒介传递有关产品、服务、观念、政策和措施的信息给目标公众,增加他们对企业的认知,提高企业的知名度,从而达到沟通的目的。这是企业的公共关系目标中最基本的目标。

　　(2)联络感情。公共关系工作实质上是一种沟通,因此对目标公众进行感情投资是企业公共关系部经常性的工作。它既是企业的长期目标,也是企业的短期目标。一般来说,感情投资所针对的目标公众,往往是对企业的生存与发展有重要影响力的特定公众,甚至是关键公众。

　　(3)改变态度。公众的态度一般分为两种:积极态度和消极态度。积极态度包括支持、亲近、好感和信赖等心理倾向,也称"正面态度"。消极态度包括反对、怀疑和冷淡等心理倾向,又称"负面态度"。在一定期限内,企业开展公共关系活动的目的,就是为了改变目标公众对企业形象的某一方面的看法和态度。

　　传播学相关研究表明,人们接触信息的目的是满足他们的特定需求,这些需求有一定的社会和心理根源。"在一般情况下,传播所造成的最明显的倾向不是

---

① 孟繁荣. 公共关系策划[M]. 北京:经济管理出版社,2011:43-44.

引起公众态度的改变,而是作为影响因素之一对既有态度的强化。"① 可以说,企业的信息传播活动能强化公众对企业的原有态度,而不太容易改变公众的既有态度特别是负面态度。

"沉默的螺旋"理论认为,舆论的形成是大众传播、人际传播和人们对"意见环境"的认知心理三者相互作用的结果,大众传播通过营造"意见环境"影响和制约舆论。因此,企业要想使公众的态度发生改变,就需要有效地使用多种传播手段和信息,形成社会舆论,潜移默化地影响这些对企业持消极态度的公众,努力使他们逐步加深对企业的了解与好感,形成积极态度。

(4)改变行为。公共关系的最终目的是让目标公众采取出版企业所期望的行为。态度的改变并不意味着行为的改变,这就需要企业的公共关系人员进一步研究目标公众的基本情况、对企业的认知程度、目前的态度,通过开展相应的工作促进这些公众改变态度。

2. 确定公众

在确定公共关系目标之后,下一步的工作就是根据实现目标的需要,确定具体的公共关系活动应该关注、沟通的目标公众,一般是根据公共关系活动所覆盖的范围、对企业的重要程度和企业的现实需要等来确定。目标公众的确定,不仅有利于公共关系策划人员收集信息,开展进一步的工作,也有利于企业资源的合理利用,以及媒体的正确选择。

在确定公众的过程中,首先要对公众进行分类,确定哪些是顺意公众,哪些是独立公众,哪些是逆意公众,然后鉴别公众的权利要求,最后根据相关公众权利的轻重缓急来确定下一步开展哪些公共关系活动。

各类公众的权利是不尽相同的,如员工公众在意的是就业安全和适当的工作条件,合理的工资和福利,培训的机会,对出版企业的知情权、社会地位、人格尊重和心理满足,和谐的人事关系,参与和表达的机会等。顾客公众关心的是出版物的品位和质量、合理的价格、惬意的消费体验、完善的售后服务等。同行公众关心的是平等的竞争机会和条件、竞争中的相互协作、竞争中的现代出版企业

---

① 郭庆光. 传播学教程 [M]. 北京:中国人民大学出版社,1999:198.

家风度。合作商公众在意的是遵守合同、平等互利、提供各种优惠及共担风险等。社区公众则多关注企业是否向当地提供充足的就业机会，保护社区环境和秩序，是否关心和支持当地政府，支持文化和慈善事业，赞助地方公益活动，正规招聘公平竞争等。政府公众主要关注企业是否遵守各项法律、政策，承担法律义务，公平竞争，保证安全生产及能否保证各项税收的完成。媒介公众则希望企业能公平地提供信息来源，尊重新闻界的职业尊严，有机会参加企业的重要庆典等社交活动，保证记者采访的独家新闻不被泄露，提供采访的方便条件等。

3. 确定类型

确定公众之后，企业还需要确立公共关系活动的类型。根据企业的不同发展阶段来划分，公共关系活动可分为以下四种类型，即建设型公共关系、维系型公共关系活动、进攻型公共关系活动和防御型公共关系活动。还有一种分类法，即根据公共关系活动的不同功能来划分，公共关系分为五种。

（1）社会公益型公共关系。以提供各类义务服务、社会公益赞助为主要内容的公益性公共关系。其目的是通过积极的社会活动，扩大企业的社会影响，提高其社会声誉，赢得特定公众的理解、赞赏和支持，为树立良好的社会形象创造条件。这是企业公共关系活动的重点方向。

社会公益型公共关系活动主要有三种：一是以企业为中心而开展的，旨在树立本企业承担社会责任和提高美誉度的赞助活动，如为支持政府"农家书屋"工程的百家期刊社、报社参与的捐助活动。二是以支持社会福利事业为战略层面的举措，虽然暂时付出了经济成本，而且短期内也不会给企业带来直接的经济效益，但因为它潜移默化地加深了公众对企业的良好印象，因此从长远来看，它的积极作用会逐步凸显出来。三是旨在提高企业知名度的资助大众传媒举办的各种活动。这类公益性活动以企业本身的活动为中心，属于旨在增进沟通的庆典活动。

（2）宣传型公共关系。宣传型公共关系活动是指企业运用各种媒介以单纯的信息传播为中心内容，面向企业的内外公众开展宣传工作的公共关系活动方式。通过对企业内外的传播，让公众知晓企业的特定信息，了解企业、理解企业，树立良好企业形象，进而形成有利于企业发展的社会舆论，使企业获得更多的支持者和合作者，达到促进企业发展的目的。其比较常见的方式有举办新闻发布会（记者招待会）、展会、公共关系广告、撰写印发企业及其产品的宣传材料（新闻稿件），以及各类竞赛、演讲和颁奖活动等。

（3）交际型公共关系。交际型公共关系活动是指企业以获得关键公众或重要公众对企业的支持而实施的社交型公共关系工作。其目的是通过人与人的直接接触与联络，增进企业的关键公众（如出版产业价值链上的内容供应商和生产材料供应商、经销商、媒体、营销中介等）对企业的感情，以提高本企业的社会美誉度，形成有利于企业发展的人际环境。有些出版企业针对公众关注的问题和热点问题举办专题活动，与有关部门和知名作家进行深层次的话题交流。这种类型的公共关系具有灵活、直接、人情味浓的特点，效果较为理想。开展交际型公共关系常见的形式有招待会、座谈会、联谊会、恳谈会、舞会和开放参观等。

（4）服务型公共关系活动。服务型公共关系活动是指企业以为公众提供完善、优质的服务为主要手段的一种公共关系活动方式。其目的是以实际行动密切与公众的关系，换取公众的了解和赞许，塑造企业良好的形象。企业要想获得公众的真正认可，除了强化信息沟通外，还要提高服务水准。服务型公共活动对所有的出版企业具有普遍意义。例如，百道网一直专注于为出版数字化转型提供公共服务，连续多年策划了"携手百道平台共襄国民阅读"专题。

（5）征询型公共关系活动。征询型公共关系活动是指企业通过信息采集、舆论调查、民意测验等手段，了解公众的意愿乃至社会发展趋势，以备企业决策咨询的公共关系工作类型。其目的是使企业的行为尽可能地与国家的整体利益、市场的发展趋势及公众的意愿、需求、利益一致。如某图书大厦举办的消费者座谈会，某出版社举办的新书阅读分享会，等等。征询型公共关系活动能够让企业深入、全面地了解公众，公众能及时有效地反馈相关信息给企业，从而让企业的政策和行为能得到及时调整。

4. 确定主题

主题是公共关系活动的高度概括，对整个公共关系活动起着主导作用，能够有效地吸引公众的注意力，赢得社会的好感。公共关系活动的主题尤其适合在大型专题性公共关系活动中使用。正确地确立公共关系活动的主题，是关系公共关系策划活动成败的核心因素。好的主题需要有好的创意。

第四章　出版企业公共关系工作程序

所谓创意，是指创造的新意或意境。创意过程可分为五个阶段，即准备阶段、酝酿阶段、启发阶段、成型阶段和验证阶段。常用的创意方法有垂直思考法、水平思考法和头脑风暴法等。

垂直思考法即案例排列法，是指在一定的范围内，按一定的套路，依照传统经验（对过去相关案例的回顾）向上或向下垂直思考（激发新的构想）的方法。垂直思考法容易导致思路狭窄，因此局限性较大。目前，这种方法在公共关系策划、广告策划活动中已较少采用。

水平思考法也叫"横向思考法"，其最大特点是立体扩散思维，有开阔的思路，比较容易产生新的创意。

头脑风暴法又叫"多人会商法"，指的是由多人组成的策划小组按照各自分头调研（收集、整理、研究基本的调查资料），共享信息（收集的资料在小组成员间互相通报，形成第一次信息冲击效应），独立思考，小组讨论（依次发言，形成第二次信息冲击效应），以及专人提炼的步骤产生创意的方法。关键步骤是第二步、第四步讨论中的脑力激荡过程。在此过程中，个体与群体知识互补，互相启发（不能批评别人的构思），有利于创意的产生。这是一种运用群体智慧的策划方式。

通过创意思维不仅可以实现知识或信息的增值（即以新的知识来增加知识的积累，从而增加信息量），还可以通过方法上的突破，分解组合现有知识，实现知识或信息的新功能。但由于创意所针对的目标对象的模糊性、潜在性，实际运用效果的未知性，以及创意本身能否被人们很快接受这些因素的共同作用，往往会造成在确立和应用创意的时候面临大的风险。"公共关系创意指的是公共关系人员在策划过程中所进行的一种有意识有目的的特殊创造活动。"①

设计公共关系活动的主题一般要考虑四个因素：公共关系目标、信息个性、公众心理和审美情趣，这实际上也是提炼公共关系活动的主题所要坚持的基本原则。

（1）主题必须与企业的公共关系目标相一致。选择主题的目的是更好地凸显公共关系目标，因此主题要服务于公共关系目标。偏离公共关系目标的主题容易误导公众，反而起了副作用。

---

① 张克非. 公共关系学 [M]. 3版. 北京：高等教育出版社，2014：156.

(2）主题要言简意赅、形象生动、朴素优美、易于传播。人们对语言的音节的有效记忆是有限制的，因此主题的表述一定要通俗易懂。只有言简意赅的主题才被公众欣然接受并能得到迅速传播。

(3）主题要新颖独到、个性鲜明、富有激情。要迎合、引导公众的心理。现代社会是一个信息爆炸的社会，公众每天都接触海量的信息，对于那些没有特色、没有个性的主题，公众很容易产生视觉疲劳，更不用说打动他们了。主题要符合公共关系活动的客观实际，符合公众的心理需要，而且还要具备可行性，不能让公众感觉"口惠而实不至"。

简言之，公共关系创意应该具备独创性与社会性的统一、个人创造与集体智慧的结晶、艺术性与可行性的紧密结合这三个显著特点。①

5. 选择时机

选择时机就是选择机会。现代社会的发展日新月异，机遇稍纵即逝。时机就是企业的金钱，时机就是企业的生命。因此，优秀的公共关系活动的策划人员一定是善于抓时机的。

时机包括两类：一是自身时机，即企业自身的活动所提供的机会；二是社会时机，即社会提供的重大机遇。抓时机实际上就是搭便车、借势和借题发挥。选择时机最关键的考虑因素就是公众的关注点。如果企业经过调研，某个时机目标公众会关注、又有新闻报道价值，那么就一定要抓住它。一般来说，节假日、国内外重大事件发生日会吸引公众的关注，这个时候企业要尽量避免开展公共关系活动（除非所开展的活动与节日、重大事件密切相关，或者可以借题发挥）。

6. 选择媒介

公共关系的手段是传播，而媒介是传播公共关系信息的主要载体。从理论上讲，公共关系活动可以利用所有的媒介进行传播。但每种媒介的特性、覆盖范围、传播效果、社会影响力各不相同，这就需要公共关系策划人员熟悉各种媒介，熟悉目标公众的兴趣所在，接收信息的渠道、习惯和方式，懂得何种媒介适合传播何种信息，特别是懂得如何利用媒介组合有效地传播企业的信息，如何选

---

① 张克非. 公共关系学 [M]. 3版. 北京：高等教育出版社，2014：156.

择媒介又管用又省钱等。企业选择媒介时要综合考虑公共关系目标、传播对象、传播内容、经费预算等因素。企业只有恰当选择好媒介，才能够取得最佳的传播效果。

7. 编制预算

编制经费预算是公共关系策划过程中一个重要且不可或缺的环节。编制预算不仅可以保证公共关系策划方案的顺利开展，而且还可以作为公共关系活动结束后的评估依据。

公共关系活动的预算构成可以分为行政费用和项目费用，一般包括劳务费、办公费（日常行政开支）、专业器材和成品制作费（制作各类宣传品、纪念品所需的设备及材料费用）、宣传费（媒介使用费）、具体活动费（开展具体的公共关系活动，如庆典活动、培训、调研、差旅、招待、赞助等费用）。

编制公共关系活动预算的一般方法有如下四种：

（1）固定比率法。按照一定时期内的经营流水（销售额）或利润额的多少，以某种固定百分比提取公共关系活动经费。这是一种最省心但也最不靠谱的方法。

（2）投资报酬法。事先设定某一数额的公共关系经费并视之为一项投资，按照相同数额的资金投入的投资回报率的高低来分配经费。这种方法注重投资回报，但最大的难点在于如何才能准确地计算投资效益（因为公共关系活动的效果一般是滞后的），因而也就难以确定投资回报率。鉴于此，有的企业常常用知名度、美誉度的指标来检验公共关系活动的效果。

（3）量入为出法。以企业的经济实力与财务状况作为公共关系活动经费的支出依据。简言之，就是"有多少钱办多少事"。这种方法简单，但略显随意。它所能提供的公共关系活动经费的多少，在很大程度上取决于企业决策层对公共关系的认知程度。

（4）目标先导法。根据公共关系活动的预定目标，测算出各个具体环节所需基本费用；简单汇总后，再加上一定的机动费后即构成公共关系活动总费用。这种方法是否可行，取决于企业的财务状况和公共关系活动计划制订的合理程度。

8. 审定方案

所谓审定方案，是指对初步完成的公共关系策划草案（一般都有备选方案）再分析，其目的是选择、优化和完善方案。审定方案通常是由企业决策层、相关专家组成一个小组，先听取制订方案的策划人员的汇报，然后由这个小组的成员发表意见，提出问题，让策划人员答辩，最后由小组成员对各个草案进行可行性认证。如合格，则提出具体的修改意见以备完善；如问题较多，则予以否定，另选其他方案或让策划人员重新制定新方案。

审定方案要重点考虑公共关系目标和费用的合理性，以及在实施方案的过程中各环节（如时间、资金、人员、传媒等）可能存在或出现的风险，因为这些因素决定方案最终能否可行。

9. 撰写策划书

方案审定后，就进入公共关系策划的最后一个程序——撰写策划书。公共关系策划书是一种规范的、反映最终策划成果的书面文件。一份完整的策划方案应当具备"5W""2H""1E"，即：What（什么）——策划的目的、内容；Who（谁）——策划社会组织者、策划者、策划所涉及的公众；Where（何处）——策划实施的地点；When（何时）——策划实施的时机；Why（为什么）——策划的缘由；How（如何）——策划的方法和实施形式；How much（多少）——策划的预算；Effect（效果）——策划结果的预测。

公共关系策划书一般由封面、摘要、目录、前言（导言或序言）、正文、署名和附录等部分组成。封面应有策划项目名称、策划主题名称、完成计划书的日期、计划书的编号等。摘要应包括计划书的精华部分。前言是计划书的大纲，内容包括策划书的指导思想、此次公共关系活动项目的背景概述、社会意义、操作的可能性等。正文部分描述此次公共关系活动的宗旨、活动的目标、公共关系活动项目、传播方式、开展时间、开展地点、实施步骤、费用估算（以表格的形式将各项详尽列出）、策划进度表、各人员责任分配表、效果预测等，这部分是写作重点，要求行文流畅、层次分明、逻辑性强，篇幅长短适宜。

公共关系策划书的撰写程序为：第一，撰写大纲，列出各部分的标题和要点；第二，补充调整大纲和写作要点，增添具体内容，形成初稿；第三，修改、完善初稿并定稿。

公共关系策划书对写作的要求比较高，既要有丰富的想象力，也要有扎实的写作功底；不仅能妙笔生花，而且还要有严密的逻辑思维。此外，在必要时，还需要有保密意识（涉及对外合作时）。只有如此，才有可能让公共关系策划书打动企业的决策层，让其接受并同意实施。

四、公共关系策划的一般方法

1. 审时、借时

这里的"时"指的是时机、时间。由于公共关系活动的实效性很强，公共关系策划人员要善于审时度势、抓住机遇实施、开展公共关系活动，提升传播效果。常用的手段有争先、乘机和后发。

争先是指趁别人不注意或者没有意识到的时候，自己先行一步。一般来说，先行者总是能占据有利地位。乘机是指把握最佳机遇，及时策划对路的公共关系活动。一般有三种时机可资利用：周期循环之机（如节假日）；可预料之机（如学校开学、店铺开业、工程竣工等）；突如其来之机（如重要人物突访、重大事件发生之时）。后发，即后发制人，是指在别人开展相关公共关系活动的基础之上，通过分析竞争对手和其他社会信息之后，精心策划出更有针对性、更为成熟的公共关系活动，有后来者居上之效。

时机或机遇往往是可遇而不可求，但它对每个出版企业、每一个公共关系策划人员都是公平的。因此，进行公共关系活动策划时，一定要敏锐地观察企业内外环境的变化情况，及时发现机会并果断采取行动。对于现代出版企业来说，抓住机会就能赢得先机。

对于出版企业来说，企业创办或开业之时，企业更名或与其他出版企业合并、兼并、资产重组之时，企业内部改组、转型、品牌延伸之时，企业迁址之时，企业推出新产品、新技术、新服务之时，企业举行周年庆典或周期性活动之时，企业股票上市之时和国内外各种节日或纪念日之时，都属于可以利用的开展公共关系活动的机会。

另一类是不易把握、需要企业尽力捕捉的时机，包括：重大的社会活动和社会事件出现之时，企业形象出现危机之时，国家或地方政府新政策或领导人换届之时，公众的观念和需求发生转变之时，企业的经营发生困难之时，国际、国内的政治、经济大环境、大气候转变之时，以及企业内部资源条件发生变化之时。这是企业不容易把握的机会，需要下功夫。

在上述时机中，有以下几个可以视为开展公共关系策划的最佳时机，即企业创办或开业之时，企业更名或与其他出版企业合并、兼并、资产重组之时，推出新产品、新技术、新服务之时，公共关系人员一定要特别留意。

2. 度势、运势、造势

这里的"势"指的是事物本身及其周边环境共同形成的一种无形的倾向性力量。度势就是观察、估计形势；运势就是借助一定形势开展活动；造势就是造声势，营造有利于自身的气氛。策划公共关系工作时，除了要善于审时"借势"外，还要善于"审时度势、借时运势、借时造势。"①

其中，借势指的是借用那些能牢牢吸引公众的人、事物、事件，使之融入企业的公共关系活动中来，进而达到让公众关注本企业的目的。借势常用的手法有借名人之势（名人受公众的追捧会影响舆论），借热点之势（公众对社会热点如体育比赛、重大活动、重大事件的关注度高）。

造势则是指利用某种契机，通过构思，为企业烘托出一个有利的发展势头。造势常用的手法有"无中生有""小题大做"等。"无中生有"指的是公共关系策划人员经过精心策划，营造出有利于宣传企业形象的舆论势头。"小题大做"则指的是公共关系人员深入挖掘一件小事或其中的细节的某些丰富而动人的方面并加以传播放大，打动公众，进而形成对企业有利的舆论氛围。

3. 择术

简单地说，择术就是在策划过程中如何选择和运用合理的技术与战术。择术常用的有以下五种：

（1）以攻为守。这种方法指的是在面临不利局面时，企业主动调整公共关系策略与手段，达到改变自身处境的目的。

---

① 张克非. 公共关系学 [M]. 3版. 北京：高等教育出版社，2014：157.

(2) 自扬家丑。这种方法的具体做法是，企业适度地向公众坦承企业的管理、产品或服务等方面的某些无伤大雅的缺点或不足，借以赢得公众的同情和谅解，进而树立企业诚实可信的社会形象。

(3) 凸显特色。这种方法的具体做法是，企业向公众传递本企业的独特个性及鲜明特色的信息（包括管理理念、经营特色、产品与服务的独特性等），进而确立良好的社会形象。

(4) 以诚换诚。这种方法即说真话、做实事，不吹嘘成绩，不隐瞒缺点，不投机取巧，不坑蒙拐骗，以此赢得公众的信赖。

(5) "借尸还魂"。这种方法的就是利用公众恋旧、崇尚传统的心理需求，重新包装那些已到衰退期的或已停产多年的老产品，通过有效的公共关系传播使之重返市场。例如，武汉出版社的《开明新编国文课本（甲种本·上）》通过这种方式复活的。

总之，公共关系策划是一项艺术性、创造性很强的工作，没有固定的模式，在具体操作过程中需要结合出版企业与公众的现实情况、传播需要与可能去灵活把握。

第三节　公共关系实施

公共关系实施指的是公共关系策划方案被企业决策层采用后实施方案的过程，即开展传播解决具体公共关系问题、协调公众关系的实战阶段。① 它不仅是解决企业相关问题的关键环节，同时也能决定公共关系策划方案的实现程度，并对实施之后企业的相关后续手段的选择具有关键性影响。公共关系人员在实施公共关系活动方案的过程中必须非常谨慎，要密切关注公众对该活动的各种反应特别是态度和行为方面的变化情况。此外，在公共关系活动的具体实施过程中，通常企业会遇到新情况、新问题，方案的实施存在很多变数，因此这些都需要公共关系人员随时修改和调整原来方案中的某些方法、指标、策略等，并针对不断变化的具体情况创造性地开展工作。

---

① 张克非. 公共关系学 [M]. 3版. 北京：高等教育出版社，2014：169.

一、干扰公共关系方案实施的主要因素

1. 目标障碍

目标障碍指方案本身的目标障碍。有时候，公共关系活动的策划书所选定的公共关系目标不清晰甚至不正确，不符合公众或员工的利益，就会给公共关系实施带来障碍。因此，在公共关系活动策划过程中，一定要充分听取各方面的意见，让大家形成目标共识。此外，还有必要对公共关系目标进行可行性论证。

2. 沟通障碍

沟通障碍指的是在公共关系实施过程中，由于语言、观念、习俗和心理等方面的差异，以及企业本身的原因造成的传播不畅通。要想做好公共关系工作，不仅要克服这些障碍，而且还要尊重公众，入乡随俗，顺应公众的心理。

3. 突发事件的干扰

突发事件的干扰指的是人为的纠纷危机和自然灾害对企业的影响，如地震、媒体曝光、公众投诉、政府批评等。面对突发事件，一定要冷静，不可惊慌失措；要认真分析原因，正确选择对策；要加强与媒介的沟通并选择合适的时机，用统一的口径告知公众真相及企业准备或已经采取的措施，以争取公众的理解和支持。

二、公共关系方案实施的原则与方法

1. 目标导向原则与方法

目标导向原则指的是在公共关系的实施过程中，要时刻以策划书中拟定的公共关系目标为参照的原则。在这一原则的指导下有两种工作方法：第一种是线性工作法。这种方法是按照各个公共关系具体活动的内在联系的先后次序，完成前一个步骤后，再开始下一个步骤，一步一步逼近目标的方法。这种方法比较稳妥，也比较节省资源。第二种是多线性工作法。这种方法是把几个行动同时展开、共同奔向目标的方法。这种方法在一般情况下可以加快实施进度，但对企业的资源动用得较多。

2. 进度控制原则与方法

进度控制原则也称"控制进度原则",指的是按照一定的程序掌握公共关系活动的实施进度,以免出现工作脱节的情形。这一原则不仅体现在公共关系实施这一环节,而且还贯穿于公共关系的所有活动中。公共关系调查、公共关系策划、公共关系评估都要坚持进度控制的原则。其具体做法是,在明确控制目的和重视反馈信息的基础上,公共关系人员经常检查各方面的工作,及时发现超前或者滞后的情况并及时加以调整,使公共关系各项工作保持同步和平衡地发展。

3. 整体协调原则与方法

整体协调原则指的是在公共关系活动实施过程中,要做到让相关方面保持彼此协调、互补、和谐和一致的状态。一般的协调方法有两种,即纵向协调(上下级之间的协调)和横向协调(职能部门间、同事间的协调)。其主要方式就是加强信息和情感沟通,最终消除误会,使各方面的工作相一致。

4. 反馈调整原则与方法

反馈调整指的是通过监督机制及时发现公共关系实施中的方法偏差或错误,并对其加以调整与改正。这是一种根据过去的错误调整未来行为的原则。具体做法是:依靠各种形式的信息反馈渠道,把公共关系实施方案的各种信息及时准确地收集上来,经过研究分析后,作为调整行动的依据;然后,运用"测试工作法",把公共关系活动方案在小范围内或者部分公众中实施,取得经验后再进行反馈调整;最后,全面推行。

5. 时机选择原则与方法

时机选择原则指的是在开展公共关系活动的时候,要正确选择恰当的时机和正确的策略。需要注意的是,不宜同时开展两个以上的重大公共关系活动,以免效果互相抵消。重大节日、重大事件,既有可能适宜利用也有可能不宜利用,需要仔细权衡后再做定夺。

第四节 公共关系评估

公共关系评估是指根据与提升企业的知名度、美誉度和和谐度相关的特定标准，按照某种科学的程序与方法，对公共关系计划、实施及效果进行检查和评价，以判断其优劣并提出修改意见的过程。其目的是不断地调整企业的公共关系目标、公共关系政策和公共关系行为，使企业的公共关系更有计划且更有成效。公共关系评估是公共关系工作最后的环节。

一、公共关系评估的目的和意义

公共关系评估的目的是根据企业所开展的公共关系活动的不同需要、不同的侧重点，提供相应的信息。公共关系评估的目的就是取得关于公共关系工作过程、工作效益信息，作为决定开展下一步公共关系工作、提高公共关系效能和制订公共关系计划的依据。

公共关系评估的意义和作用有：（1）公共关系评估是改进公共关系工作不可或缺的重要环节，对公共关系工作具有"效果导向"和决策参考的特殊作用。（2）公共关系评估能有效强化内部沟通，鼓舞士气。公共关系是一种开放的、需要员工积极支持、主动配合的工作。评估不仅可以让企业的管理层看到开展公共关系工作的诸多益处，也能让员工看到本企业的利益和实现途径，从而让企业领导重视公共关系工作，激发员工的工作热情，增强他们对本企业的凝聚力。（3）公共关系评估是开展后续公共关系工作的必要前提。公共关系工作是为塑造和维系企业形象服务的，它具有连续性的特点。一般来说，一项公共关系活动计划的制订与实施，总是以原来的公共关系活动及其效果为背景的。如果没有对原有公共关系工作的评估，新的公共关系工作计划就没有决策依据，因而也就不可能制订好公共关系活动计划。

二、公共关系评估的主要内容

公共关系评估虽然从程序上来讲，是公共关系工作的最后一个环节，但从其发挥的作用来看，公共关系评估贯穿于公共关系工作整个过程，每一个环节都要进行评估。

1. 公共关系调查工作评估

公共关系调查工作评估包括背景材料是否充分、信息内容是否充实，以及公共关系调研的方案设计、调研方法、信息表达方式、调研结论等方面，还包括它们是否合理和合理程度如何。

2. 公共关系活动策划工作评估

公共关系活动策划工作评估包括是否合乎社会的法律道德要求，活动计划的公共关系目标设置是否合理，实施的方法与程序是否需要调整，实施公共关系活动计划所需的资金是否恰当、是否留有余地等，尤其是要进行项目的可行性评价，这个最为关键。

3. 公共关系计划实施的过程与效果评估

公共关系计划实施的过程与效果评估包括准备工作的情况、既定目标的实现程度、传播范围和效果如何。具体有公众的态度变化情况，企业的社会形象改善情况，传播的具体效果（信息发送数量的多少，媒体采用的信息数量的多少，公众接收、注意到的信息量的多少，改变观念态度行为的公众数量，达到的目的和解决的问题，对社会文化的影响等）。简单来说，这种效果评估就是评价公共关系计划实施是否达到了预期目标。

以上从公共关系活动过程的角度概述了公共关系评估的基本内容，从其他角度也可以进行评估。这些常见的角度有公共关系状态（分为内部公共关系状态与外部公共关系状态两个方面）、传播沟通情况、专项公共关系活动、公共关系人员工作绩效等。

三、公共关系评估的依据

公共关系评估需要有相关的材料和标准作为参照。公共关系评估的依据主要包括以下几个方面。

1. 媒体报道情况

媒体报道情况包括参与报道的媒体的权威性及其社会影响力、媒体对企业及其活动的报道频率和总数量、报道的质量（正面宣传与反面宣传的数量及其比重）。一般来说，权威性媒体的正面报道越多，影响力越大，公众对企业的好感就越多，越有利于塑造和维系本企业的良好形象；否则，效果就越差。

2. 企业内部的相关材料

企业内部的相关材料包括企业决策管理层和一般员工对企业开展的公共关系活动成效的评估材料，以及企业经营管理方面的资料，如统计报表、财务报表、公众来信、会议记录等。

3. 企业外部的相关材料

企业外部的相关材料主要包括顾客（读者、客户等）反馈信息，相关机构（主要是合作商、竞争的同行）的反馈信息，社区公众对企业的态度与评价，政府对企业行为的态度等。

四、公共关系评估的方法

公共关系评估的方法很多，分类方法也很庞杂。为了获得准确的结论，在实践中往往会利用不同的评估主体、不同的具体操作方式来进行评估，但一般都要求将定量评估和定性评估相结合。

评估控制着公共关系实践的每个活动及环节，不管评估的内容和方法如何，最终都需要解决一个问题——到底是由谁来评估。谁来评估决定了评估的公正性、可靠性和评估成本有多大。从成本和效率方面考虑，自身的评估是必要的；从公正性和客观性的角度考虑，则必须借助第三方的评估结果。此时，第三方的专业性和公信力，以及在行业里的影响力尤为重要。有效地把自身评估和第三方评估相结合，企业就可以知道自己处在什么位置和下一步应该如何改进。

常见的评估主体有公众、专家、社会组织和公共关系人员自己等。此外，还有目标管理法。

公众评估指的是依据公众的反应（有关材料需通过调查取得）来评价公共关系活动的效果。这是所有公共关系评估中最重要的一种途径。专家评估指的是聘请企业外部的公共关系专家评价企业的公共关系工作。由于专家的立场中立、经验丰富，所做的评估往往很有参考价值。企业评估指的是由本企业的负责人安排专人（非公共关系活动的参与者）对企业的公共关系工作作出评估，这是一种自我评估。具体可以通过方案与实绩的对比进行评价，也可以通过了解公共关系活动对象来评估。还可以通过搜集对比各种统计数字进行评估。

目标管理法是指根据事先制定的目标来检验公共关系成效。所谓目标管理，是指一种程序或过程，它使企业中的上级和下级一起协商，根据企业的使命确定一定时期内企业的总目标，由此决定上下级的责任和分目标，并把这些目标作为企业经营、评估和奖励每个单位和个人贡献的标准。目标管理在指导思想上是以Y理论为基础的，即认为在目标明确的条件下，人们能够对自己负责。它在具体方法上是泰勒科学管理的进一步发展。具体的评估操作方法有比较法、实验法等。

比较法指的是选择若干影响公共关系活动的重要因素，将其小范围地改变，观察能否得到预期的效果，然后决定是否推广的一种方法。该法要求实验范围必须很小，实验对象必须要有代表性。舆论调查法属于比较法的一种，即在一次公共关系活动的前后，分别进行一次舆论调查，比较前后调查的结果，从而分析公共关系活动的效果。还有一种调查法也可以归入比较法，该法就是公众态度调查法，即在一系列公共关系活动之后，对主要公众对象进行调查，了解他们对企业的评价和态度的变化，分析公共关系活动的效果。

上述诸种方法各有优势与不足，要依据实际需要来选择。一般来说，由于公共关系活动涉及的方面较多，相关的数据和其他信息很庞杂，如果仅仅依靠一种评估方法往往很难获得准确的结论。要想获得比较真实的结果，需要综合运用其他方法。

五、公共关系评估的一般程序

卡特里普等在《有效公共关系》一书中概括得比较全面，认为公共关系评估有三阶段：准备、实施和活动效果，共10个步骤[①]。

这10个步骤是：（1）建立评估各自的明确目标；（2）经审批后纳入公关方案中；（3）组织成员对评估达成共识；（4）评估项目力求具体化；（5）选择合

---

① 姚惠忠. 公共关系理论与实务 [M]. 北京：北京大学出版社，2004：83.

适的评估标准;(6)确认搜集证据的最佳方式;(7)完整记录的执行细节;(8)运用评估结果;(9)将评估结果向组织管理者汇报;(10)充实专业知识。

在公共关系实践中,简化为6个程序:

1. 设立评估目标

统一的评估目标是检验公共关系工作效果的参照物,只需将两者进行比较就可以知道结果。

2. 选择评估标准

适度的评估标准有利于对公共关系活动进行恰如其分的评价分析。

3. 广泛收集资料

对公共关系活动进行评估,主要依据就是公共关系活动开展以来企业内外公众发生各种变化的信息。在收集资料的过程中,要注意选择最佳途径。

4. 评估分析资料

运用合理的评估方法(评估方法的选择取决于评估的目的和评估标准),将上述信息进行比较分析,就可以了解公共关系活动所带来的变化,特别是检验活动的哪些项目达到了预期目标,并分析部分项目未能达到预期目标的原因。

5. 汇报评估结果

完成评估后,要以书面形式如实向企业的决策层反映或汇报,以备下次开展公共关系活动之际企业领导决策时参考。这样做不仅可以保证决策层能及时掌握情况、协调工作,同时也可以进一步发挥公共关系活动在实现企业目标过程中的重要作用。因此,及时向企业决策层汇报评估结果应该成为开展公共关系活动的一项固定的制度。

撰写评估报告应注意:第一,要做到定量与定性相结合;第二,所提的建议与策略要具有可操作性;第三,语言要准确、精练;第四,结论要客观和具体。

公共关系活动的效果如何,很大程度上取决于企业决策部门的评价。企业内部的公共关系人员应该定期向企业的决策部门汇报公共关系活动的成果,将评估的结果以报告的形式加以汇报。各类传播者对受众都会产生一定的影响、作用,这就是效果,但是效果并不都是等值的。对于公共关系工作者来说,由于各类传播形式都要使用，更应该了解传播发生作用的不同层次。

评估报告的内容包括陈述公共关系活动及成果、比较实际活动与预期目标、预测今后工作。评估报告的形式一般包括以下几个方面。

（1）非正式报告，即公共关系人员通过电话、会见、简短书面报告的形式向出版企业负责人汇报活动的进展。这种形式占用时间不多，可以真实地反映工作状况。

（2）正式报告。关于公共关系活动成果的正式报告一般有定期备忘录、小组或委员会议、汇报会和年度报告（包括出版企业整个会计年度的财务报告及其他相关文件）这四种形式。

6. 应用评估结果

公共关系活动的评估结果对于整个公共关系工作有极大的应用价值，它能够承前启后，使公共关系工作得以高效、合理地开展，使企业步入良好的公共关系环境。在公共关系的实践中，人们常常发现公共关系活动的每一个周期都要比前一个周期表现出更大的影响力。其原因就在于，通过评估结果的运用，对相关方面的走势的确定和形势的分析将会比以前更加准确，更加符合企业的长远发展要求。

具体来说，企业公共关系评估结果的运用包括：第一，用于调整公共关系工作计划；第二，对策划新的公共关系目标方案有直接帮助；第三，用于改进企业的决策；第四，用于改进企业全面的公共关系工作。

此外，公共关系活动的评估结果可以经过理论概括，成为下一步公共关系活动的指导原则与操作方法。既可以把它运用于以后的公共关系活动，也可以把它提供给社会供各界人士，特别是公共关系从业人员学习和借鉴。

第五章　出版企业典型公共关系

出版企业开展公共关系活动，以营造企业生存环境、塑造良好的形象为根本目标，在优先考虑社会利益的前提下，以获得经济效益为落脚点。以下从公共关系的客体即公共关系工作对象的角度，分析出版企业在面对几类典型公众时应该如何开展相应的工作。

第一节　员工关系

员工关系也称为"雇员关系"，是指在企业内部管理过程中形成的一种人事关系，其工作对象大致包括企业的管理层、执行层的所有成员、企业的股东等。由于员工是企业的主体，他们与企业的关系最为密切，其思想和行为对企业的正常运行关系重大，因此，员工通常被看作企业生存与发展的依靠性力量，是企业公共关系活动的首要公众。

一、良好员工关系的重要意义

企业是一个整体，它是否有生机与活力，取决于内部各部门之间、上下级之间、同事之间关系的协调与否，取决于企业文化（管理风格、经营理念和行为准则等）。员工关系的建立，其实就是企业营造整体企业文化的一个过程，它不仅可以在企业内部为员工提供一个宽松和谐的自由沟通的环境，帮助员工形成良好的价值观念，培养其成员对企业的认同感和归属感，强化员工"同舟共济"的意识，形成对企业的向心力、凝聚力，而且还可以规范和约束员工的思想和言行，对外展示企业的良好形象，最终使企业形成强大的战斗力。即通常所说的

"内求团结,外求发展"。

如果从管理哲学的角度来看,公共关系要处理好团体价值与个体价值之间的矛盾。企业的公共关系目标所追求的首先是团体价值,即塑造本企业良好的社会形象,提升企业在社会中的地位,争取更高的知名度、美誉度和和谐度。但从公共关系的实际操作层面来看,企业又必须从确立个体价值着手,使团体中的每一个成员都能在这个团体内追求和实现个人的价值。如果一个团体能够提供充分体现个人价值的舞台,这个团体对个体就具有很强的吸引力,不仅让个体有机会发挥所长,同时也能让团体价值通过个体的努力得以实现。因此,追求团体价值的公共关系工作的开展,首先要尊重每一个员工的个体价值,并把个体价值与团体价值有机结合在一起。只有这样,企业才能具备强大的战斗力,顺利实现自己的目标。

二、开展员工关系的基本方式

作为公共关系的一种,企业的员工关系同样需要借助传播这一手段来实现沟通。通过沟通,员工可以随时了解企业的动向、取得的成就和存在的问题,保障他们的知情权,减少隔阂,进而调动员工的工作积极性。按照不同的标准,常用的沟通方式可分为四大类。

1. 正式沟通与非正式沟通

正式沟通是指按照企业明文规定的渠道进行的信息沟通。例如,召开会议、汇报工作、上级给下级下发命令或通知、下级向上级请示或反映问题等都属于这一类。正式沟通是员工关系的主要渠道。由于这种方式比较正式、严肃,对有关各方有很强的约束力,因此沟通效果较为理想。不过,因为管理层级的因素,其沟通速度往往较慢,灵活性也稍显不足。

非正式沟通指的是用私下聊天、谈话等方式传递信息的形式,这种方式比较随意,信息传递速度快,气氛轻松,能更真实、准确地了解员工的内心想法,便于企业作出决策。但非正式沟通也容易传播谣言。

2. 单向沟通与双向沟通

所谓"单向沟通",是指一方发出信息,另一方不做反馈或反馈不被重视的

第五章 出版企业典型公共关系

一种沟通方式。领导讲话、发布命令就属于此类。这种方式速度快，一般用于处理紧急情况，用在平时的沟通效果往往不太好。

双向沟通是传播者发出信息、接收者有反馈行为的一种沟通方式，如座谈会上员工向上级反映情况就属于此类。虽然此种沟通比较费时间和精力，但能促进上下级相互理解，有利于融洽参与各方之间的关系。

3. 横向沟通与纵向沟通

横向沟通指的是企业内部各平行部门、团体之间，以及没有上下级关系的员工之间的信息沟通。横向沟通可以增进各部门、团体、员工之间的相互了解，培养员工的大局观念、整体观念和团结协作精神。但横向沟通的不足之处是信息不好控制。

纵向沟通指的是企业的上下级之间信息的上传下达，是一种正式沟通。

4. 书面沟通与口头沟通

书面（包含企业官网）沟通指的是用书面语言进行的沟通，调查报告、任免通知等均属于此类，它比较正式、权威。口头沟通指的是口头进行的信息交流，优点是便利、随意，缺点是"口说无凭"，在传播过程中信息容易失真。

三、员工关系的工作内容

第一，培育企业文化，促进员工认同。企业文化是一个企业所创造的有自己鲜明特色的精神产品，包括思想、价值观、道德、规章制度、行为方式等，是该企业长期形成的一种稳定的文化理念、传统和风格。它是企业哲学、精神与行为方式的统一。

一个成功的企业必须要有自己独特的企业文化作为支撑。企业的存在价值和整体形象被社会认可之前，首先要得到自己成员的认可；企业的目标和任务在赢得社会支持之前，首先要赢得自己成员的支持与配合。如果出版企业文化能得到全体员工的认同，就会随时随地影响员工的言行，进而在企业内部形成强大的合力。

第二，优化工作环境，多方关心员工。企业的决策层要把员工当自己人，处处善待员工、尊重员工，经常关心他们的工作、身体、家庭和思想动态，为他们提供舒适的工作环境。因为良好的工作环境会愉悦人的身心，提高工作效率。企业要相信员工,工作中必要的监督管理应该有,但要尊重员工的人身权利,绝不能限制他们正当的自由。在这方面,部分出版社的做法很有借鉴价值。它们提倡成果管理,对编辑没有规定明确的工作时间和地点,工作时间是弹性的,每个编辑都可以根据自己的兴趣和节奏去工作,不注重过程,只对成果进行监督、验收、付酬和奖励。现在很多出版企业都推行目标管理,效果不错。

案例 5-1

北京大学出版社助力员工抗疫

2020年初新冠肺炎疫情暴发,许多省区市都被波及,北京在2月前后也出现了疫情,一时间防护用的口罩成了稀缺品。

北京大学出版社领导十分关心员工的健康和安全,多方筹措到了一批口罩,从2月8日开始陆续给居家办公的全体员工和离退休人员寄送了防护口罩,这份特殊的礼物让员工倍感温馨。随后社领导又开会决定为全体在岗职工购买专项保险,让全体员工在疫情防控期间解除顾虑,安心工作。

第三,开展双向沟通,实施民主管理。企业要顺利发展,就必须上下一心。而要做到这一点,就要把员工当作首要公众,经常与其进行沟通。除了提供安全舒适的工作环境、有竞争力的薪酬外,还需要随时告知员工有关本企业的信息(包括本企业的历史和成就,企业运作情况,决策制定过程,人事动态,福利情况,竞争对手动态,企业的新举措、新产品、新技术,法律和安全知识教育,员工新闻等),尊重员工优先分享企业信息的权利,并广开言路,随时听取员工的意见和建议。这样不仅会让员工能及时了解本企业的状况,消除不良情绪,找到主人翁的感觉,增强他们与企业之间的了解和信任,还会让企业通过上情下达、下情上传及时发现企业存在的问题或隐患,缓解各种矛盾,改进工作。

此外,企业还要积极创造条件,鼓励员工对企业的各项工作多提建议、参与企业的各项管理活动。外语教学与研究出版社2016年制定的《出版社奖惩管理办法》就规定"对工作流程再造或管理制度改革积极提出合理化建议,经采纳给出版社带来巨大经济效益者"颁发"社长特别奖"荣誉证书和奖杯,发放奖金一万元。此举不仅大大调动了员工的工作积极性，而且还有效地提高了公司的经营管理水平。

第四，尊重培养人才，多种形式激励。人才是企业的宝贵财富，当今社会的竞争本质上是人才的竞争。企业要尊重人才，不断地创造条件鼓励他们创新，通过物质奖励、精神奖励的方式满足他们的自尊心，激发他们的上进心。例如，长江文艺出版社2021年年终表彰，就设有"优秀党务工作者奖""优秀共产党员奖""年度十佳图书""优秀员工奖""优秀科室负责人奖"等多个奖项。

企业还应该把员工培训当成一项经常性的工作，企业应该是培养人才的学校，要通过各种途径提高员工的技能，让他们看到在企业内部个人职业发展的美好前途。

现在出版企业纷纷组建集团，做大做强，有的还上市，如何处理股东关系，形成合力，也是企业面临的重大现实问题。从法律上讲，股东是企业的投资者，是企业的主人，其切身利益与企业经营状况的好坏息息相关。

股东关系属于员工关系的一种特殊形式。同企业员工关系一样，它是制约企业经营活动的关键因素之一。良好的股东关系是企业的生命线，因为这种关系直接涉及企业运作必需的资金和权力。建立良好的股东关系，可以加强企业与股东之间的沟通，消除误解、沟通感情。这样做能够争取已有股东和潜在投资者对企业的了解和信任，提高企业及其管理者在股东中的地位和威信，稳定股东队伍，吸引新的投资者，进而创造良好的投资环境，最大限度地扩大企业的社会财源。

开展股东关系常用的方法有：利用年终报告进行交流，召开股东大会或其他会议传递相关信息，股东参观企业并与管理层进行座谈。

股东关系的工作内容包括以下两点。

第一，定期向股东汇报企业的经营状况、企业面临和曾出现过的重大问题，包括企业的方针、政策、发展目标、发展规划、经营计划、公共关系活动方案，企业的资金流转状况、经营状况，股利的分配政策，盈利预测，企业面临的内外部经济环境的变异情况，有关企业的各种详尽的统计信息。

第二，收集来自股东方面的各种信息，并将其报告给企业的有关部门或主管领导。这些信息主要包括股东本人的状况、股东本人对企业经营管理的意见和建议、股东对企业的产品和服务的感想、股东所知道的社会上对本企业的各种反映、股东所收到的来自企业各方面的信息是否充分，以及股东对这些信息的看法和反应等。

第二节 顾客关系

顾客关系又称"消费者关系"，指的是企业与顾客间的公共关系。在现代社会，泛指一切物质产品和文化产品及服务的供应者、消费者之间的广泛联系。[①]出版企业的顾客包括出版产品的顾客和消费者，其中最主要的是作者和读者。顾客与消费者在概念上是有区别的。一般来说，顾客是潜在的或者偶尔交易的人。而消费者是指交易、购买的人，像各类出版物、印制设备的购买者和使用者，出版物印制服务的提供者和购买者，出版物的作者、听众、观众、网民、读者、图书批发商、零售商等，这些都属于消费者。消费者一定是顾客，但顾客不一定是消费者。在这里我们将其统一划归于顾客名下。企业为顾客提供产品与服务，顾客又通过购买产品与服务对企业给予支持，两者原本是一种相互依存的关系。

一、顾客公众的基本特点

当今世界，由于出版市场竞争的日趋激烈，买方市场的形成让顾客有了广阔的自由选择空间，出版企业与顾客的关系发生倾斜，顾客的地位空前提高，出版企业（如印刷出版企业）越来越处于弱势地位。出版企业的成功必须以顾客的利益和要求为导向。这既是商品经济性质和公共关系原则的必然推导，也已经得到了其他许多行业的实践证明。"让顾客满意""顾客第一""顾客是衣食父母"这些商品经济社会中的真理已成为越来越多出版企业的经营信条。

顾客公众具有以下两个基本特点：（1）地位最高，作用最大，其对企业的态度和消费倾向能决定一个企业的命运；（2）在所有的公众之中，顾客公众最受企业的尊重。

---

① 周安华，等. 公共关系：理论、实务与技巧 [M]. 2版. 北京：中国人民大学出版社，2007：119.

第五章　出版企业典型公共关系

二、做好顾客公众公共关系工作的重要意义

做好顾客公众的公共关系工作的重要意义有以下三点。
（1）顾客关系是企业外部公共关系工作最重要的一个方面。
（2）良好的顾客关系能够为企业带来直接的利益。
（3）良好的顾客关系体现了企业正确的经营观念和经营行为。

三、影响企业与顾客关系的因素

顾客关系既然是企业重要的外部公共关系，那么企业就应该把它经营成一种健康、持久的合作共赢的关系。而能否做到这一点却与顾客无关，它取决于企业如何经营这种关系。一般来说，影响出版企业与顾客关系的因素主要有出版物的质量、出版企业的服务态度、出版物的价格、出版企业的供货速度和售后服务等。

四、顾客公众的沟通原则

1. 专人负责原则

每个企业的决策层都应有人主要负责处理顾客的关系，大型企业可以设立客户关系委员会，负责协调各部门、各单位的行动，了解各部门的客户关系。

2. 建立关系原则

建立与顾客的良好关系是做好工作的前提，良好的客户关系取决于出版物与服务的质量和价格。顾客满意了，关系就能建立和维持。因此，企业为顾客创造价值是顾客关系的核心内容。

3. 制订计划原则

客户关系计划取决于企业的客户政策、产品与服务、用户公众的数量和特征及企业的资源。制订客户关系计划的目的是在顾客心目中树立企业的良好形象。

> **案例 5-2**
>
> **商务印书馆启动人文社科读书月活动**
>
> 作为中国一家历史最悠久、最具实力和影响力的文化出版机构,商务印书馆非常重视与学界、业界、作者、供应商和经销商的沟通和交流,有效地维系和改进了顾客关系。2020年6月30日在北京启动的"涵芬绽放——商务印书馆人文社科读书月"则是该社又一个为人所津津乐道的公共关系活动项目。
>
> "涵芬绽放——商务印书馆人文社科读书月"活动的序幕是受邀的国内知名专家学者、作家以线上短视频的形式向读者进行"1分钟好书推荐",再由这些知名专家学者、作家以及经销商代表当当网与商务印书馆领导、编辑,共同向读者发出"读商务经典,看商务好书"的倡议。
>
> 按照计划安排,活动从7月1日开始,持续一个月的时间。在此期间商务印书馆精选2000余种好书,通过20余场专题直播、官方微信与微博话题互动、人文社科好书评选、短视频图书专题推荐等形式,向读者传递经典阅读价值并联合线上、线下渠道给读者提供购书优惠。

五、建立良好顾客关系的基本策略

企业建立良好顾客关系的策略有以下几点。

(1) 赢得顾客的关键在于坚持"顾客第一"的公共关系原则。
(2) 赢得顾客的信赖是企业取得成功的关键。
(3) 遇到顾客不满意的情况,先自查,是处理顾客关系的基本程序。
(4) "服务意识"是处理顾客关系必须具备的公共关系意识。

六、开展顾客关系的一般方法

1. 与顾客保持通畅的信息渠道,双向沟通,双向了解

第一,企业要了解顾客。企业要有针对性地处理好顾客关系,必须以全面而准确地了解顾客的需要或意向为前提。顾客是一个庞大的群体,他们的构成是极其复杂的，不同类的顾客都有自己的特殊要求和特殊利益，处理的方法也会不同，企业要根据具体情况具体应对。

企业可通过调查研究的方法来准确把握顾客的各种特点。顾客调查的内容通常包括顾客的年龄、性别、职业、爱好等背景情况，顾客对产品的性能、种类、质量、包装和价格等方面的要求，顾客对于本企业职工的服务态度、服务信誉及售后服务等方面的看法和评价，顾客对于本企业的整体形象的了解和评价等。对这些方面的信息，企业应该全面收集、分类研究，找出其中的共同性，具体分析问题。

第二，企业也要使顾客了解本企业，应通过各种有效的传播途径开展与顾客的信息交流，以沟通感情。如企业的宗旨、政策和历史，产品的性能、规格和销售方式，售后服务的标准和方法等方面的信息都应迅速准确地传递给顾客，从而使顾客对企业及其出版物等产品有正确的了解。

案例 5-3

陕西师范大学出版总社举办"感恩出版，致敬作者"座谈会

2015年12月12日，陕西师范大学出版总社举办建社三十周年"感恩出版，致敬作者"座谈会。

座谈会上，陕西师范大学时任党委书记甘晖、著名作家方英文、编辑代表王军祥等作了发言及张岂之等专家针对陕西图书出版未来的发展提出了自己的建议。

本次活动以"三十年，三十人"的创意方式，评选出张岂之、霍松林等30位作者知名专家学者、作家及文化名人作为陕西师范大学出版总社的荣誉作者，并向他们颁发了"荣誉作者"奖牌。

会后组织方邀请与会者出席了陕西师范大学出版社"首阳书院作者创研基地"揭牌仪式。

2. 科学管理顾客

所谓科学管理顾客，是指企业通过顾客调查、消费教育、消费引导和完善的销售服务把分散的顾客组织起来，改变他们盲目被动的消费习惯，形成积极的、主动的、科学的消费意识，使他们成为企业的拥护者、爱戴者，形成本企业稳定的客户。这种方式在学术界也称消费者系列化。

消费教育的主要形式有举办实物展览、商品操作展览，帮助顾客熟悉新产品的性能技术，举办培训班培训销售人员，向媒体提供有关新出版物或其他商品的介绍材料，开设咨询服务中心等。

在售后服务环节，企业可以收集顾客信息，建立顾客档案，保持同顾客经常性的联系，这也是维系顾客关系的重要手段。

3. 向顾客提供优质出版物和完善的服务

企业要想在市场上立于不败之地，必须以质量求发展，必须有高品质、有市场竞争力的出版物和其他商品，而且品种要多样，能够针对不同顾客的具体要求提供相应的商品。如果企业没有让顾客满意的商品，那么不可能有良好的顾客关系，产品的质量在根本上决定着企业和顾客的关系。此外，企业还要自始至终向顾客提供完善的服务（包括优良的售后服务），这是形成良好顾客关系的重要保证。为此，企业应该要求每一个员工都要熟悉本企业的业务，有全员公共关系意识，热情、礼貌、周到地对待每一位顾客，在服务过程的每一个环节都表现出职业素养，从而树立本企业的良好形象。

顾客关系的好坏还取决于企业能否妥善地协调好供、产、销这些价值链的运行。产品的生产与消费，其中存在着诸如内容和原材料的供应、批发、运输、零售等一系列的中介环节。企业及其产品在顾客中的信誉的建立离不开这些中介环节。如果中介环节有差错，顾客就会很容易直接指责生产该产品的企业本身。所以，企业要处理好与顾客的关系，必须重视妥善协调好与中介环节诸部门的关系。

案例 5-4

《意林·小淑女》举办超人气作家团书迷见面会

2016年8月27日，新学期开学前夕，由中国女生文学第一品牌《意林·小淑女》发起主办，安徽新经典图书有限公司承办的超人气作家团书迷见面会在安徽合肥举行。

作家团由女生文学畅销作家沧海镜、池小凡、铁铁、短发夏天、欧阳夏飞等组成。在活动现场，作家们与书迷们分享了《现在是女生时代》《钢琴小淑女》等畅销小说系列的创作心得，举行了池小凡《淑女王冠》的全国首发式。作家们还和书迷们进行了才艺展示、游戏互动、现场交流等活动，场面十分热烈。

4. 及时妥善地处理顾客投诉

出版企业长年累月同数量庞大的顾客打交道，难免与他们出现各种各样的冲突和纠纷，其中最常见的纠纷就是顾客对产品与服务的投诉。例如，顾客对产品质量不满、认为售后服务不到位等，这时有的顾客会选择向企业反映，有的顾客会诉诸法律讨说法，有的顾客会寻求媒体曝光。

面对顾客投诉，公共关系人员一定要高度重视，千万不要置之不理，而应该采取正确的应对措施，一般的处理程序如下。

首先，要认真分析顾客投诉的原因。常见的投诉原因包括借口（非企业的原因，而是顾客找托词让企业帮助解决他们的问题），偏见（成见），真诚的意见（对企业的产品或服务提意见，或因不了解产品而指责企业）。

其次，要正确对待顾客公众的意见。公共关系人员要以开放的胸怀、谦虚的态度，鼓励顾客公众对企业及其产品、服务方面的工作提意见。通过设立意见箱（邮箱）、网上互动、直接征询等方法，使听取公众意见工作制度化、经常化。其实，公众对企业提意见，说明他很关心、在乎该企业，这正是塑造和传播企业形象的最佳契机，因此企业一定要正确对待，珍视这样的机会。

再次，要尊重顾客的意见。公共关系人员要认真听取顾客所提的意见，即使对方有过激甚至错误的言论，也尽量不要马上反驳，而要洗耳恭听，以维持彼此间的友好气氛；在接待顾客投诉后，要予以应有的重视，让顾客知道企业的积极态度和解决问题的诚意，这样顾客的态度就会从对立转为缓和。

最后，要冷静对待顾客公众的意见。面对情绪激动的顾客，公共关系人员要始终保持一颗平常心，以静制动。无论顾客提什么意见，公共关系人员都要保持最大限度的克制。

如果经过调查后，证明确实是企业方面的原因造成了顾客的投诉，这个时候公共关系人员要遵循面对顾客的"4R"［遗憾（Regret）、改革（Reform）、赔偿（Restitution）、恢复（Recovery）］公共关系原则进行处理：即企业要对自身的错误表达遗憾，保证解决措施到位，防止未来相同事件再次发生并且为顾客提供合理的赔偿，使事情得到妥善处理。

第三节 媒介关系

媒介关系也称媒体关系、新闻界关系。媒介公众指的是指新闻传播机构及其工作人员，如报社、杂志社、广播电台、电视台、新闻网站及其编辑、记者等。在现代社会，新闻媒介对各国乃至世界的政治、经济、社会各方面的作用巨大，可以左右社会舆论，影响和引导民意。任何企业或其他社会组织和个人都不能轻视新闻媒介这一重要的舆论工具。

一、媒介关系对于出版企业的意义

对于出版企业（无论该企业是否为新闻媒介出版企业）的公共关系工作而言，媒介的作用是恰如其分地报道和展示本企业的个性、工作和动态，具体体现在以下几个方面。

（1）新闻媒介是出版企业联系、沟通、影响公众的最主要的渠道。它不仅可以为出版企业发布广告、介绍新产品、传播新技术，而且还可以为本企业召开新闻发布会，宣传企业的价值观，扩大社会影响，提高本企业的知名度。

（2）新闻媒介通过舆论宣传可以为出版企业塑造良好的社会形象，也会因其传播企业的负面信息使该企业名誉扫地，正所谓"成也萧何，败也萧何"。

（3）新闻媒介可以帮助和监督企业的经营，对企业内部的管理人员、销售人员和其他广大员工能起到鼓舞士气和教育警戒的作用。

正因为新闻媒介对企业有如此巨大的效用，所以它也顺理成章地成为企业最敏感、最重要、最特殊也最需要维系的公众之一，是企业对外传播的首要公众。

在目前的学术界和实务界，媒介关系被视为一种传播性质最强、公共关系操作意义最大的公共关系。甚至很多人已经用"媒介关系"来指代"公共关系"，认为做公共关系本质上就是做媒体。

对于公共关系人员而言，公共关系活动的重要内容就是与媒体人员建立广泛而有效的沟通渠道。良好的媒介关系是快速运用大众传播手段的前提。媒体是企业传递信息的载体，公共关系活动对大众媒介的使用，如能不能报道某个信息、何时报道、怎样报道，这不是企业的公共关系人员所能左右的，必须通过新闻界人士的协助才能办到。因此，与新闻界的公众建立广泛、友好的联系是争取企业的各种宣传机会的重要前提。如果企业与媒介公众的关系融洽，联系和使用媒体的工作操作起来就比较顺利，有助于争取媒体报道的机会，媒介关系的这种公共关系传播性的强度和广度，显然是其他公众对象难以比拟的。

良好的媒介关系有助于形成对企业有利的公众舆论。在当今，大众传媒已成为人们生活的主要信息来源，是最能影响企业对外形象的力量。它们决定着各种社会信息的取舍、流量和流向，确定公众舆论的中心议题，能够赋予被传播者特殊的、重要的社会地位，即具有"确定议程（话题）"和"授予地位"的功能。某个企业、人物、产品如果成为新闻界报道的热点，便会引起公众的兴趣，成为具有公众影响力的舆论话题，从而获得较高的社会知名度。此外，一个企业的信息如果通过新闻界进行了客观的报道，就比较容易获得公众的信任，有利于企业美誉度的提高。如果新闻媒介能经常为企业传递信息、做正面宣传，自然会赢得社会的积极反响，就可以形成良好的公众舆论环境。

二、开展媒介工作的基本原则

1. 尊重媒体原则

企业的公共关系人员同新闻记者的职责并不相同，有时甚至是矛盾的。在这种情况下，就必须尊重新闻界的职业特点。媒介公众在同企业打交道时，其角色是双重的。他们既要维护社会公共利益，又要服务好该企业。新闻记者的职业道德规范要求任何新闻报道都必须客观、真实和公正，所报道的信息必须有新闻价值，不能传播虚假和不当的信息。而且新闻媒体的新闻发布自有一套规范、严格的程序，并不是所有的新闻素材都可以被新闻媒体最后采用或按预定时间传播出去。出版企业要想搞好媒介关系，赢得它们的坚定支持与长期合作，就必须懂得新闻媒体的这种工作特性，尊重新闻记者的独立性。不能把新闻纯粹看成是宣传的工具，不能通过不正当行为诱使或强迫新闻媒体报道有利于本企业的消息（如"有偿新闻"之类）。

特别需要注意的是，在出版企业面临危机的时候，对待负面报道一定要真诚和低调，应表现出谦和、宽容的态度，绝不能向新闻媒体宣战。这是因为：第一，吵架并不能改变企业的负面形象；第二，危机出现的时刻，当务之急是争取公众，变被动为主动，改变处境；第三，公众在不知实情的时候，媒体是他们获取信息的主要渠道，与媒体对立反而容易使公众更加疏远企业；第四，新闻媒体影响力大，与其对立往往得不偿失。正确的做法是尊重他们，通过自己的良好表现，通过与媒体的沟通换取新闻媒体的理解，支持与配合，从而改善自身的处境。

2. 主动坦诚原则

企业对外要采取"门户开放"策略，改变"没有新闻就是好新闻"的陈腐观念，经常主动联系新闻媒体，实事求是，随时为他们提供真实而全面的信息，做到既报喜也报忧。不要害怕新闻媒体对本企业消极面（如决策上的失误、经营管理上的缺陷、产品质量上的问题等）的曝光，因为真实是新闻的生命。新闻界也应客观地报道企业的相关信息，这才是真正的互信合作。对于那些负面信息，企业要充分利用新闻媒体对社会舆论的影响，向社会坦白告知事实真相及本企业的改正措施，争取公众的谅解与支持，从而把企业的声誉损失减少到最低限度。

当然，企业的公共关系人员要诚实，并不意味着什么都对新闻记者说；要注意留有余地，以维护企业的利益；可以不公开表达自己的某些意见，但绝不能欺骗新闻记者。

3. 一视同仁原则

新闻媒体有大有小，有的很著名，有的不起眼；有的权威性强，有的很平庸。当企业面对众多新闻媒体时，千万不要厚此薄彼，有所奉迎、有所怠慢，那样会极大地损害企业的良好社会形象。正确的做法是对各家新闻媒体平等相待、一视同仁。只有这样，才会得到各家新闻媒体的真心尊重，赢得与他们的精诚合作。

三、处理与媒介公众的方法

企业处理与媒介公众的具体方法有如下几点。

（1）定期或不定期邀请媒介公众参观、访问企业，特别是在新产品、新服务发布时，邀请新闻记者来参观、鉴赏和评价。

媒体公众直接参观是了解企业相关动向的最有效的方法，这样做不仅可以让新闻记者对企业的大致情况和发展趋势心中有数，而且在企业发生重大新闻特别是出现危机时，能让新闻媒体以公正、客观的立场采访和报道本企业的消息。此外，还可以通过参观过程中的调研，挖掘新的新闻素材，促成相关的新闻报道的出笼。

（2）安排专职人员同媒介公众联系。媒介公众是重要公众，也是高素质的公众。他们见多识广、消息灵通、观察细致。企业必须派训练有素的公共关系人员同他们联系，经常关注新闻界的各种动态信息，并能掌握本企业的全面情况，准确地回答新闻记者的问题，使自己真正成为本企业的"对外发言人"。

（3）适时召开记者招待会（新闻发布会）或者其他形式的沟通活动，如媒体推介会、媒体访谈会、媒体见面会、媒体通气会、开放在线新闻室等。这些会议是企业为了公布重要的新闻或者解释重要的方针、政策而有意邀请媒介公众参加的一种公共关系活动，这是企业与新闻界建立和保持联系的一种常用的形式。以这种方式发布信息，形式比较正规、隆重、有深度，规格也高，并可以和现场的新闻记者进行交流，容易引起公众的广泛关注，能在短期内迅速扩大企业的社会影响，化解不利因素，为本企业营造和谐的外部环境。

（4）经常向新闻界提供信息。公共关系人员的一项重要工作就是撰写新闻稿件供新闻媒体采用。在实践中，新闻记者往往会把公共关系人员视为重要的消息来源。例如，美国《纽约时报》的商业报道很多都来自公共关系新闻稿，公共关系活动对媒体报道有明显的影响。不过，需要注意的是，公共关系人员写稿之前应详细了解各种新闻媒体的特点和公众的情况，掌握基本的新闻写作知识和技巧，如怎样收集新闻素材，怎样对其进行"改造制作"和使用最佳形式等。在本企业开发出新技术、新产品，举行座谈会、庆典或有其他重大活动时，应主动、及时地向新闻媒体提供新闻素材，并邀请新闻记者客观地报道。此外，还要向媒体定期寄发本出版企业的有关资料、新闻简报或新闻线索，供记者参考。

（5）与新闻界联合举办活动，全力支持新闻界的工作。如联办报纸、联办新闻、联办征文、联办社会活动、联办基金等，可进一步加深彼此之间的友好关系。特别是当新闻媒体遇到困难时，企业应全力相助。要树立这样一个理念：帮助新闻媒体就是帮助企业自己。

有学者总结出了几个吸引媒体给企业等社会组织做宣传的技巧，包括：关注社会热点；适度做事件营销；给记者独特的内容；做好包装；策划与热门新闻相关联的活动；目标指向最合适的记者；利用好新闻淡季；将新闻发布渠道扩大化；发生危机时也正是宣传的好时机等。这些都是经验之谈，对开展媒介公共关系颇有参考价值。

案例 5-5

机械工业出版社华章公司举办 2020 媒体交流会

2020 年 12 月 13 日，华章公司隆重举办 2020 年媒体交流会，邀请与会的媒体代表有 120 多家。

媒体交流会首先由机械工业出版社李奇社长致欢迎辞，随后华章公司总经理张敬柱向媒体介绍了华章公司发展历程和未来华章的努力方向，表示华章将会继续携手各方共建知识和学习生态，共创美好未来。

媒体交流会的精彩环节是邀请嘉宾作专题发言，围绕"未来 25 年的管理、数字化、营销、投资和阅读"这个主题，《协同》作者陈春花、《数字化魔方》作者韦祎、《什么是营销》作者曹虎、《一个投资家的 20 年》作者杨天南、北京开卷信息技术有限公司常务副总裁杨雷分别作了精彩的报告。

交流会的第三个环节签约和颁奖仪式。华章公司和正和岛、稻盛和夫（北京）管理顾问有限公司分别签订了战略合作协议；华章麾下"管理的常识"向有关人士颁发了"管理的常识2020年度最佳内容合伙人"奖。

第四节　政府公共关系

政府公共关系是指以出版企业或其他社会组织为主体、政府公众为客体的沟通关系，其对象包括政府的各级官员、各职能部门的工作人员。作为国家权力的执行机构，政府公众代表全体社会成员和公共利益对各类社会组织行使管理职能，通过对政策的制定和执行，对出版企业等各类社会组织的活动进行制约和产生影响。在我国，作为党和政府严格监管的行业，出版企业的政府公共关系的重要性不言而喻。

政府关系对于出版企业的意义主要表现在以下两个方面。

第一，作为实力雄厚、功能强大的国家治理机器，政府是出版企业的积极公众，能够影响出版企业的行为、决策、政策、策略和目标。政府对出版企业的认可和支持具有高度的权威性和社会影响力，往往能够引起整个社会的关注，使出版企业获得相对优越的竞争条件。例如，国家有关法律规定，有些出版选题只能由某几家出版社编辑出版，有些政府重要出版物倾向于由某几家印刷出版企业印制。面对这样的机会，有条件的出版企业一定要努力争取。相反，政府对某些出版企业的批评和处罚则会对相关出版企业的生存与发展带来决定性的负面影响。因此，任何出版企业都要高度重视与政府的关系。

第二，与政府公众建立良好的关系，能够为出版企业形成有利的社会环境，会给出版企业带来多方面的收益。雅昌文化集团能够承担北京奥运会、上海世博会等国际性活动相关出版物的所有印刷业务，固然与其强大的技术实力、质量保障水平有关，与政府的良好公共关系也是非常关键的因素。"做政府的'模范公民'是构建良好的政府关系的基本要求。"① 因此，协调出版企业与政府之间的关系，是出版企业公共关系人员开展外部公共关系的一项重要内容。

> **案例 5-6**
>
> **高等教育出版社举办教育部对口帮扶县特色农产品展销活动**
>
> 为响应教育部的号召，承担助力乡村振兴的社会责任，1月5日—6日，高教社在京举办了以"教育帮扶暖人心　共同富裕乐乡亲"为主题的教育部对口帮扶县特色农产品展销活动。高教社员工热情帮助河北青龙县、威县多家农业企业在马甸办公区、富盛办公区展销窗口布展。动员高教社员工积极购买，以实际消费行动助力帮扶。考虑到面向本单位职工的销售额有限，为了扩宽农产品销售渠道，加大帮扶力度不足，高教社还协调与会的农业企业与马甸办公区、富盛办公区餐饮公司洽谈食品供应事宜，促进双方建立了长期的合作关系。

一、开展政府公共关系的主要原则

1. 主动联系，把握尺度

企业要想获得政府的支持，必须加强与政府部门的联系，通过各种方式让其对本企业有印象、有好感。

2. 相互理解，相互支持

政府管理涉及很多人、很多事，错综复杂，难度很大。其政策、方针都是从全局的角度来考虑的，不可能只针对局部甚至某一个企业。而且，企业有自己的利益诉求，政府代表着社会共同的利益诉求。因此，企业要学会换位思考，充分理解政府工作的全局性、规范性和制度性，理解政府工作的社会公益性特征，善于把政府工作的利益诉求点与企业的利益诉求点结合起来，相互配合，以达到相互支持。

---

① 李道平，等. 公共关系学 [M]. 2版. 北京：高等教育出版社，2013：263.

3. 坦诚交流，相互信赖

公共关系沟通的基本原则就是要坦诚，只有坦诚才能赢得信任，相互信任是合作的基础和前提。政府只有在获悉相关企业的真实情况后，才能做出有利于该企业的决策。企业所提供的虚假信息可能会蒙蔽政府一时，但绝不能长久。毕竟政府公众掌握着众多资源，信息渠道众多，调查研究能力非同一般。

4. 长期规划，持久行动

无论是政府还是企业，都是一个相对稳定的机构，彼此要长期打交道。因此，企业对政府的公共关系工作要作长期规划，一旦开展起来就要常抓不懈；对于企业自身存在的问题，要及时妥善地解决，进一步完善各种制度，提升企业自身的经营管理能力。如果一个企业难以获得政府的信任和支持，通常都是源于企业的不规范运作。企业只有坚持严格按规范行事，才能确保政府能给予长久的支持。

5. 审时度势，服从大局

政府虽然掌握着很多资源，但如何配置，是有计划、有重点的。对于政府开展社会公益性活动的倡议，企业要积极响应，配合政府的有关行动。

6. 多路出击，重点培育

虽然企业与政府的许多职能部门打交道，但经常联系的部门毕竟有限。企业在开展政府公共关系活动的时候既要全面开花，和每个职能部门及其工作人员都搞好关系，也要注意突出重点，对那些对本企业的命运关系重大的政府部门，特别是各级新闻出版局、工商管理局、财政局、公安局、文化局、电信局、网信办等要加大公共关系工作的力度和频率。这样做，既节省了人力、物力和财力，又抓住了关键，所得效果比较理想。

出版企业公共关系实务

> **案例 5-7**
>
> **北京大学出版社助力全民阅读**
>
> 近年来北京大学出版社为了进一步优化发展环境,加强了公共关系工作特别是政府公共关系工作。
>
> 2015年初,北京大学出版社响应党中央开展"全民阅读",建立学习型社会的号召,创立了旨在弘扬传统文化和推广全民阅读的高端文化平台——北大博雅讲坛,并开展了形式多样的主题读书、文化阅读活动。2018年,北京大学出版社决定在全国建立博雅讲坛阅读基地。9月即建立了博雅讲坛雄安阅读基地,并邀请清华大学经济与管理学院领导力与组织管理系主任杨百寅教授开讲第一课。北京大学出版社还从经济、管理、经典阅读三大类中精选了近百本中外经典图书,放置于雄安地图书架之中。

二、开展政府公共关系的一般做法

1. 主动配合

当政府的有关部门按照法定职责和程序对企业行使管理职权时,企业应该主动配合、积极支持。在政府需要企业提供帮助的时候,企业更要当仁不让,提供自己力所能及的帮助,替政府分忧。只有这样,政府才会信任和支持企业。

2. 遵纪守法

政府的政策、法律、管理条例对全社会具有普遍的约束力,任何企业都必须严格遵守。企业的一切行为都必须保持在法律许可的范围内,自觉接受政府的控制和指导。

3. 积极沟通

企业公共关系人员必须通过各种渠道保持与政府的有效沟通,要尽快熟悉政府职能部门的内部分工、职责范围、办事程序,并与各个主管部门的具体工作人员保持良好的工作关系,以提高办事效率。此外,还要及时了解并掌握政府有关方针、政策的变化,以便随时调整企业的政策和活动,把握政策变化给企业带来

第五章　出版企业典型公共关系

的有利时机，避免因政策变化给本企业带来的不利影响。

企业要采取积极措施，让政府加深对本企业的了解，建立与政府公众相互信任的融洽关系。公共关系人员要及时把本企业的基本情况和发展动态通报给政府主管部门，协助发现和纠正政策执行过程中出现的偏差与失误，争取政府的指导与帮助。在特殊情况下，如果企业发现政府政策与经济发展的实际情况不符，可以通过各种途径把实际情况和问题反映到政府部门，实现政府与企业相关信息的相互沟通，使得双方有可能及时适应和调整。

4. 影响政府

企业要把握一切机会，扩大本企业在政府部门中的信誉和影响，使得政府及其官员了解本企业对社会、对国家的贡献和成就。利用企业有重大活动如年度总结会议、庆典、新生产线投产、新技术应用等机会，邀请政府主管部门和新闻媒体来出席活动，提高政府部门对本企业的信心和重视程度。此外，还可以借助新闻媒体的报道所形成的社会舆论、各界社会名流的游说来影响政府部门的决策，争取政府部门的支持，从而拓展业务、提高声誉。

案例 5-8

四川两出版社积极支持川渝地方志书出版

2020年6月19日重庆市地方志办公室、四川省地方志办公室在重庆签署《深化川渝地方志工作合作推动成渝地区双城经济圈建设合作协议》，商定近期公开出版川渝志书（含年鉴）。考虑到方志出版数量大、书号紧张，7月20日，两地地方志办公室邀请四川民族出版社、成都地图出版社有限公司在成都召开座谈会，就方志出版川渝协作事宜进行会商。两家出版单位一致表示全力配合，并决定调整部分书号，满足川渝两地志书和年鉴出版需求；还对川渝两地民族地区和民族待遇县（区）的志鉴出版费予以优惠。

（资料来源：四川省人民政府网）

第五节 社会名人公共关系

社会名人是指那些对公众舆论和社会生活具有较大影响力和显著号召力的知名人士，如政界、工商界、金融界的首脑人物，科学界、教育界、学术界的权威人士，文化界、艺术界、影视界、体育界的著名人物，以及新闻出版界的舆论领袖等。这类公众的数量不多，也很不稳定，但"名人出新闻"，他们在传播中的作用很大，能在舆论中迅速"聚焦"，影响力很强，是一支不容轻视的力量。

一、社会组织开展社会名人公共关系的意义

1. 借助于社会名人的知识和专长

社会名人一般因为其有过人之处，特别是在工商界、科技教育界、政界里面的名人，或是见多识广、经验丰富，或是知识渊博，或有某一方面的专长，在其擅长的领域具有独特的造诣和崇高的威望。企业与社会名人建立良好关系，不仅可以从他们那里得到很多有价值的甚至关键信息，而且能充分利用他们的见识、专长为本企业的经营管理或复杂社会问题的处理服务。如果企业能经常与那些权威交流，那么实际上就是为出版企业发展配备了"高参"，从而可以扩宽出版企业领导层的思路与眼界，大大提升决策的科学性。

2. 借助于社会名人的关系网络

社会名人一般交际广泛，高层次的朋友很多，他们各自有各自的活动圈子，名人一般是这些圈子里面的头面人物。与社会名人建立良好关系，企业能通过他们良好的社会关系网络为企业建立良好关系。有些社会名人虽然不可能为企业直接提供所需的专业信息或管理咨询，但由于他们的特殊地位，与社会各界的广泛联系，或对某一方面的关系有特别重大的影响，使该企业能通过他们与有关公众对象疏通关系，扩大社会交往范围，甚至有可能进入他们的圈子。

3. 良好的名人关系有助于提升企业的知名度①

企业建立良好的名人关系的目的是借助名人的知名度扩大企业的公共关系网络，扩大本企业的公众影响力，丰满企业的社会形象。由此可见，企业通过社会名人去影响公众和舆论，往往能取得事半功倍的效果。

> **案例 5-9**
>
> **首届"珞珈出版人论坛"在北京成功举办**
>
> 2021年4月1日，由毕业于武汉大学、跨越24届的50位校友出版人共同发起的首届"珞珈出版人论坛"在北京举办，本届论坛以"一生出版梦·一世珞珈情"为主题。原国家新闻出版总署副署长梁衡作开场致辞，武汉大学图书情报学院原副院长王余光，百道新出版研究院院长、百道网董事长程三国发表主题演讲，多位武汉大学毕业的出版人进行书业分享。

4. 借助于社会名人的社会声望

与社会名人建立良好关系，能借助他们较高的社会地位，或某方面具有的权威性，或他们对社会的特殊贡献、突出成就等，形成较高的知名度。知名度的形成至少需要两个条件，一方面是本身能够引起公众关注、吸引公众兴趣的实际内容，如某本新书的思想和艺术价值、某产品的突出功效、名人的巨大成就等，另一方面是经过足够的传播积累并形成社会热点。名人就是这样的一个具有传播资本（名气）的群体。企业借助名流的知名度，本质上就是利用名流所具备的传播资本和无形财富。

此外，存在"崇尚英雄"的社会心理。企业与社会名人建立良好关系，实际上就将本企业的名字与社会名人的名望联系在一起，利用公众崇拜名人的心理，提高本企业在公众心目中的位置。所谓名人效应，指的是名人的出现所达成的引人注意、强化事物、扩大影响的效应，或人们模仿名人的心理现象。名人效应已经在我们生活中的方方面面产生深远影响。名人效应相当于一种品牌效应，

---

① 陶应虎，等. 公共关系原理与实务 [M]. 北京：清华大学出版社，2006：80.

它可以带动人群，它的效应可以如同追星效应那样强大。这是一种特殊的公共关系效应，必须建立在良好的名人关系基础之上。

> **案例 5-10**
>
> **清华大学出版社邀请范迪安等专家出席新书发布会**
>
> 2021 年 12 月 2 日，清华大学出版社新书《向美而行——清华大学美育之路》发布会暨美育研讨会在清华大学举行。中国美术家协会主席、中央美术学院院长范迪安应邀出席发布会，代表中国美术家协会、中央美术学院向新书发布表示热烈祝贺。中国美术学院原院长许江、北京大学艺术学院院长彭锋、北京师范大学文艺学研究中心主任王一川等出席。
>
> 范迪安高度评价了《向美而行——清华大学美育之路》一书的价值，认为该书体现了清华大学以文化人、以美育人的优秀传统和丰富实践，也展示了新时代以来清华大学坚持立德树人的根本方向，贯彻德智体美劳全面发展的教育方针所采取的美育新举措、新路径和形成的美育新经验、新格局，为高等教育贯彻落实习近平总书记关于加强美育的重要思想提供了榜样。
>
> 在美育研讨会上，范迪安等嘉宾结合大学美育的目标、作用和意义发表了主题演讲，清华大学多位著名专家学者围绕美与真、艺术与科学、美感与创造力的关系，就如何发扬清华美育精神、提升美育品质、创新美育形式进行了专题发言。

二、开展名人公共关系的作用

企业开展名人公共关系可以扩大企业的知名度。作为公众人物，名流总是成为人们竞相追捧和追逐的偶像。作为偶像的追随者和崇拜者，往往会爱屋及乌，进一步喜欢与名流相关联的企业。这样无形之中就扩大了企业的知名度和影响力。

出版企业开展名流公共关系有助于塑造企业形象，可提高企业的社会影响力，引发相关公众对本企业的支持，既能刺激出一批潜在公众，又能稳固现实公众，形成利于本企业发展的社会舆论环境。

第五章　出版企业典型公共关系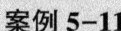

案例 5-11

广西师范大学出版社集团举办"秀峰文学论坛"系列文学活动

2020 年 10 月 17 日,广西师大出版社集团公司及其旗下品牌世界·观联合水印长廊等机构举办"秀峰文学论坛"系列文学活动,庆祝建社 34 周年。王蒙、李敬泽、韩少功、舒婷等近四十名文艺名家应邀出席。

活动安排了八场主题演讲、两场文学对谈、一场研讨会和一场音乐朗诵会,主旨是探讨文学创作、研究、出版和传播方面的新可能,推动文学与音乐、山水与人文跨界融合的新发展。王蒙通过视频发表主题演讲,李敬泽、韩少功、周晓枫、聂震宁、王跃文、李洱、笛安依次作了主题发言。

三、开展名人公共关系应注意的问题

开展名人公共关系可以使企业的知名度及美誉度都得到提升,但是任何事物都是有两面性的。名人本身往往带有一些不易控制的因素。这些因素通常是隐藏着的,会给企业带来某种隐患,让企业承担很大的压力。如果不能够合理地控制和规避,很可能产生负面影响。学者步华梁认为,应对这样的问题需要重点注意以下两个方面。

第一,选择名人特别是选择演员的时候一定要慎重,要考虑他们潜在的负面影响(如他们有道德缺陷甚至可能触犯法律),否则会得不偿失。名人形象很不稳定,极有可能短期内因某些原因变得无名或者落下骂名,这个时候相关企业难免会受牵连。人们既然爱屋及乌,反之亦然。企业要预防这种"城门失火,殃及池鱼"的现象出现。当然,这在实际操作过程中,确实不太好把握。

第二,注意名人形象与企业形象的匹配度,须知公共关系本质上也是追求美感的。

第六节　社区关系

社区关系也称"地方关系""睦邻关系"等。美国学者帕克对社区的定义是,"由一个按地域组成的人口;这些人口程度不同地扎根在他们所生息的土地上;社区中的每一个人都生活在一种相互依赖的关系中。"① 居住于一定区域、具有共同联系并彼此交往的人们,就构成了一个社区。社区是一个相对独立的地域性社会,每个社区都有其特定的人口和特定的地理区域,其居民之间有着某些共同的利益,以及重要的社会交往。社区关系指的是与某个社会组织主体地域上互邻、利益上相关的一种公众关系。社区公众包括当地的行政、司法、立法等管理部门、地方团体社会组织和全体居民等。"千里之行,始于足下",由于社区是出版企业与社区公众赖以生存与发展的共同空间,相互影响,相互制约,因此出版企业必须搞好这种睦邻关系。

一、出版企业开展社区关系的目的和意义

1. 社区关系是出版企业的生存环境的一个重要组成部分

开展社区关系旨在争取社区公众对本企业的了解、理解和支持,使企业和社区之间建立和保持一种亲情和相互理解的关系,从而为企业创造一个稳定的生存与发展环境。出版企业与社区公众之间紧密的地缘联系直接影响着企业各方面的关系和出版企业的正常运转。出版企业开展社区关系的意义包括:(1) 出版企业运转所需的各种能源、资源(包括人力)大多是由社区提供的;(2) 社区公众是距离出版企业最近的外部公众;(3) 社区公众为出版企业提供社会管理等服务,同时希望企业承担作为"社区公民"相应的社会责任和义务;(4) 对于出版企业而言,社区公众是较为固定的经常性的顾客或者"回头客"。从某种意义上讲,社区公众乃是出版企业所依赖的"衣食父母";(5) 社区关系的好坏影响到社区公众对出版企业的态度,是出版企业风险的来源之一。如果出版企业与社区公众的关系恶化,将可能面临非常被动的局面。例如,邻居投诉环境污染、噪声

---

① 姚惠忠. 公共关系理论与实务 [M]. 北京:北京大学出版社,2004:345.

扰民等使员工不能安心工作，这些麻烦都能给出版企业带来原本可以避免的损失。因此，出版企业需要做好社区关系。

2. 出版企业所在地社区关系的状况可以反映出出版企业的口碑

开展社区关系可以充分展现出版企业对社区所尽的责任和义务，并通过社区关系扩大该企业的区域影响，提升该企业的公众形象。

社区公众涉及当地社会的政治、经济、文化、教育等各个方面，类型繁多，涉及面较广，对出版企业客观上存在着各种不同的感受、要求和评价。由于处在同一社区，对出版企业的某一种评价和看法就容易相互快捷传播。一旦这种评价形成区域性影响，就会被新闻媒体所关注；如果传递到别处，就会形成更大范围的影响。一个出版企业如果没有良好的社区关系，就很难在社会上获得良好的名声。因此，出版企业在社区不仅要遵纪守法，而且还要积极参与社区的各种事务，主动承担必要的社会责任和义务，帮助改善社区环境，以此赢得社区公众的广泛支持。

二、出版企业开展社区公众关系的一般方式和途径

1. 树立居民意识，遵守乡规民约

从社区公众的角度来看，不论出版企业或其他社会组织的性质、规模等方面如何，有一点是共同的，那就是每个出版企业或其他社会组织都是社区的一员。因此，出版企业应自觉遵守社区的各种规定，服从社区公约、行为规范，承担为社区应尽的各种义务。

2. 加强信息沟通，了解社区需要

定期向社区公众通报本企业的政策和业务发展情况。可以公布所生产的产品种类、质量和市场表现，职工总数和可能招聘的员工数量、薪资待遇等。随时了解社区公众对本企业的看法并做好沟通交流，引导社区公众认可和支持出版企业。此外，要了解社区的各种需要。一般来说，社区需要包括关心和支持当地政府，上缴稳定的税金、利润和各项费用、基金，扶持文化与各项慈善公益事业，关心社区环境和秩序，为社区待业人员提供足够的就业机会和良好的教育，以及

帮助提高社区的知名度等。

案例 5-12

新疆青少年出版社捐资 50 万元帮助鲁克沁镇建幼儿园

2014 年 6 月 5 日，由新疆青少年出版社捐资 50 万元建设的第一个双语阅读基地——鄯善县鲁克沁镇赛尔克甫村双语幼儿园正式挂牌落成。

当天，该园 200 名维吾尔族小朋友还收到了新疆青少年出版社出版的价值 7000 余元的少儿读物，这些读物是 2014 年国家新闻出版广电总局开展的"百社千校、书香童年"活动的一部分，包括在市场上广受好评的畅销书"贝贝熊系列""小恐龙幼儿园系列""阿凡提系列"等优秀少儿绘本，填补了当地幼儿园汉语读物的空白。

（资料来源：新疆网）

3. 做好开放服务，密切社区关系

出版企业可以定期邀请社区公众参观本企业，加深彼此的了解，密切相互之间的关系，向社区开放本企业的各种服务设施和娱乐设施（如会议室、运动场馆、餐厅等），与公众建立密切的联系。

4. 参与社区事务，承担社会义务

出版企业要依据自身的性质、特长与财力、物力情况，有的放矢地积极参与社区的建设和其他有意义的活动，特别是要资助卫生、教育、环保和社会福利事业，这样容易获得社区公众的好感。

第七节 国际公共关系

按照学者周安华所下的定义："国际公共关系是指一个社会组织，如政府部门、企业或事业单位等，在与他国公众的交往中，通过国际各种信息传播活动，

增进本组织与他国公众之间的了解和信任，维护和发展本组织的良好形象。"①随着国际文化交往的逐步深入，出版企业"走出去""引进来"已成为大趋势，这导致其与国外公众的交往日益增多，必然引发出版企业开展国际公共关系的需要。出版企业的国际公共关系是指出版企业针对本国以外不同文化背景的公众所进行的旨在增进双方的了解和信任及塑造本企业形象的信息传播活动，以及对国外有显著影响的其他公共关系工作。出版企业开展国际公共关系的目标公众包括对象国的政府、媒体、同行、消费者等。与外交关系不同，工作对象的非国家性质是国际公共关系的一个显著特点。

国际公众是一种跨文化传播与沟通的对象，相比较而言，对他们开展公共关系工作，难度比在国内要大。因为：第一，国际公共关系面对的公众成分非常复杂，宗教信仰、文化背景、语言文字和风俗习惯与国内的公众有很大的差异。第二，各国政治、经济和文化之间既有合作也有竞争，国际公共关系的目标对象、沟通时机、沟通渠道需谨慎对待。事实上，对于如何制造声势、树立形象、影响外国政府的有关决策，国际著名的公共关系公司已经有了一些比较成熟的做法，包括战略咨询（提出何种诉求能获得公众的响应、用什么手段去实施），动员公众（旨在制造舆论），社会组织联盟（整合多方力量施压），媒体沟通（旨在让媒体配合）等，出版企业可以充分借鉴。

目前，我国出版企业国际公共关系工作存在的主要问题如下。

第一，对外业务主要集中于对外版权合作，国际公共关系的实践较少。

第二，对国外传媒（特别是国外公众经常接触的媒介）的地位与社会影响缺乏深入的了解，对国外传媒与政治的互动缺乏充分的认识，与国外传媒的联系与合作不够，本土化能力较差。

第三，出版企业品牌的国际知名度与美誉度都不太理想，在形象建设与维护方面作为不明显，对出版企业的国际形象的策划和包装重视不够。

第四，部分出版企业对外宣传的官办色彩太浓，又缺乏沟通技巧，传播和感染效果有待提高。

---

① 周安华，等. 公共关系：理论、实务与技巧 [M]. 2版. 北京：中国人民大学出版社，2007：396.

一、出版企业开展国际公共关系的意义

出版企业发展良好的国际公共关系，从宏观方面说，是国际经济交往和跨文化传播的需要，从微观的方面说，是版权贸易和出版企业发展的需要。当今世界，政治民主化、经济一体化、传播全球化是主流。政治、经济、文化等领域的国际交往与合作日益频繁，需要出版企业了解目标公众的文化背景、价值观念和行为方式，跨越文化差异，并按照国际公共关系的手段，对目标公众有效传播信息，以提高工作效率。

做好了国际公共关系，能促进出版企业形象的国际化，从而取得国际社会的理解和支持。但在国际舞台上表演，需要按照国际惯例和国际规则行事。在开展国际公共关系活动的过程中，出版企业要尊重目标公众所在国家和地区的社会制度、文化习俗和宗教信仰，在信息传播和交往方面采用国际通行的做法，就容易让对方接受，获得对方的支持，这样出版企业形象就会逐步国际化，进而赢得更多的国际公众的信任。

二、出版企业开展国际公共关系的一般原则

国际公共关系作为一种传播管理活动和社会活动，有自身必须遵循的原则，具体包括以下几点：

1. 实事求是，公开透明

对外传播的目的是取信于人，企业所传播的信息一定要以客观、全面的事实为基础，实事求是地恰当传播相关信息。只有这样，才有可能获得信任，才能影响对象国的民众、媒体和其他相关公众。

2. 双向沟通，利益一致

出版企业通过双向沟通和协调，使本企业与公众达到互惠互利，进而相互促进发展。

3. 讲究策略，整体协调

开展国际公共关系要以公共关系学理论为指导，严格按照公共关系工作的基

本程序，采取有效的策略与方法，努力实现国际公共关系工作的科学性、艺术化，尽量统一协调整体效益。

三、出版企业开展国际公共关系的主要方法

出版企业开展国际公共关系，行之有效的做法包括以下几点：

1. 围绕版权合作与文化传播来开展国际公共关系工作

目前我国出版企业在"走出去""引进来"等方面都取得了一些成绩，奠定了开展国际公共关系的基础活动，今后需要密切关注人类社会共同面临的问题。同时，在手法上要改"宣传"为"传播"，不断提高国际公共关系的工作效能。

2. 在对外合作和传播文化过程中尊重各国的文化差异

出版企业的公共关系人员要有宽广的胸怀，尊重人类社会的多样性和差异性，尊重当地的文化和风俗习惯，善于和国际公众在求同存异的基础上开展各方面的工作。

3. 重视地域特色，有的放矢地开展工作

在开展国际公共关系时，要因地制宜，针对不同的社会组织应运用不同的方法，通过实践活动来探索规律、积累经验。

4. 优化沟通协调方式

并随时跟踪和及时运用世界最新传播媒介和技术，掌握公共关系理论研究方法新成果和公共关系实务发展的新动态（如整合营销传播、绿色网络公共关系等），不断提高国际公共关系的工作效能。

5. 遵守国际交往惯例

国际惯例包括不成文惯例和成文惯例，它是植根于国际交往实践，是在长期反复实践中逐步形成的某一特定领域内的习惯性做法或通例，适用于国际交往的当事人。根据参加交往双方主体的不同，国际惯例具体分为国家之间交往惯例、不同国家平等当事人之间进行国际经济交往惯例、主权国家对国际商事交易进行管理与监督方面的惯例、解决国家之间争议和不同国家国民之间的民商事纠纷，

以及国家与他国国民之间的国际商事争议的惯例等四大类。出版企业必须严格遵守国际惯例和国际交往礼仪，争做世界公民。只有这样，才容易顺利让对方接纳，进而方便开展工作。

6. 适时入乡随俗，实施本土化战略

了解并善于运用外国公众经常接触的新闻传播媒介，重视运用跨文化传播手段，使自己的信息符合外国公众的语言、文化、信仰和习惯，从而为他们所接受。国际公共关系的实质是跨文化传播管理，使传播实现国际化、一体化、多元化，追求"有效传播"。

7. 注意工作连续性，谋求利益长远

这既是开展公共关系的一般原则，也是基本目的。国际公共关系不是一锤子买卖，不是一种战术而应该是一种战略。公共关系活动就应按系列活动的原则，考虑长期过程，追求长远目标，不能急于求成，短期行为。在国外办事，需早作计划，提早进入他们的工作议程中。否则，临时动议，仓促安排，可能得不到对方真正的重视和支持。同时，国际公共关系工作要想真正产生影响，除了规模和创意外，也需要细水长流，讲究持久性和系列性，因为形象建设是需要时间积累的。

8. 时刻注意维护国家利益

出版企业在开展国际公共关系活动时，一定要牢记，出版企业是属于中国的，是代表中国的，一举一动都关乎国家的形象。因此，必须时时刻刻注意维护本企业的形象，维护国家利益。任何危害国家利益的行为都不符合公共关系活动的准则，也不得人心，最终受损的还是企业自身。

第八节　网络公共关系

网络技术的进步和广泛应用带动了网络营销和网络公共关系的兴盛。网络媒体的发展也使得公共关系和营销的手段更加丰富。目前，微信、抖音、腾讯会议、快手等新媒体在出版企业的营销活动中蔚然成风。

网络公共关系的定义目前在学术界尚未统一。有的学者认为，网络公共关系是社会组织为了塑造本组织的形象，借助互联网，为社会组织收集和传递信息，在电子空间实现社会组织与公众的全球沟通的一门技术。[1] 有的学者认为网络公共关系就是线上公共关系（e公共关系）或者在线公共关系（onlinePR）[2]，仅仅是渠道不同，并不是独立的一个公共关系类别。

英国学者菲利普斯认为，"网络公关的管理和职能包括以下四个方面：内容，网络受众喜欢丰富的内容；到达，主要是指信息是如何变得即时而可用；客户，主要是因特网的使用者；移情，对组织产生移情现象是组织与客户之间关系的本质。"[3]

一般认为，广义的网络公共关系指的是利用互联网的高科技表达手段营造社会组织形象的活动。狭义的网络公共关系是指社会组织或个人基于开放便捷的互联网络，对产品、服务所做的一系列经营活动，从而达到满足社会组织或个人需求的全过程。网络公共关系为现代公共关系提供了新的思维方式、策划思路和传播媒介。

现在世界各大出版企业都有自己的网上新闻发布中心，几乎所有的公司都将非IT类记者的新闻稿件投入网站上发表，由此可见网络公共关系已走到时代前台。

一、网络公共关系的特点

与传统的沟通模式相比，网络公共关系突出的特征在于个性化、互动性、聚焦性、信息共享化和资源无限性。

网络公共关系的优势主要有：（1）网络公共关系的主体性大大增强了；（2）网络公共关系的客体的能动性大幅提高；（3）网络公共关系的针对性、准确性十分鲜明；（4）网络公共关系的评估更容易量化和值得参考。[4]

网络信息传播的方式是全新的，它已集个人传播（如微信、QQ等即时通信

---

[1] 姚凯. 网络公共关系及其传播方式研究 [J]. 科学管理研究, 2004, 22 (1): 62-66.
[2] 刘向晖. 网络营销导论 [M]. 北京：清华大学出版社, 2005: 152.
[3] 菲利普斯. 网络公共关系 [M]. 陈刚, 等译. 北京：北京大学出版社, 2006: 39.
[4] 张梅贞. 网络公共关系 [M]. 武汉：武汉大学出版社, 2012: 2-3页.

软件、电子邮件)、社会组织传播(如电子论坛、虚拟社区、电子报)和大众传播(如腾讯会议、抖音、快手等)为一体,e公共关系也正是对这些传播方式重新进行的整合公共关系方式。奥美公共关系国际集团中国区董事总经理柯颖德就此曾提出了一个"360度整合营销传播"的理念。所谓"360度"是指一个全方位的公共关系手段,它包括公共关系、企业形象设计、广告、促销、媒介投放、媒介互动等各方面。互联网上的公共关系活动只是这"360度"理念的一部分,但却是非常重要的一部分。由于报纸、杂志、广播、电视等大众传播媒介缺少互动性,且投入偏高,而公共关系网络这一新兴媒体经过几年的运转已经逐渐成熟,并且有了一定的影响,从而被认为是"360度整合营销"的关键载体。

企业运用网络开展公共关系活动最主要的好处是它的互动性和反馈机制,为本企业与公众提供了双向对等沟通的平台,而这正是公共关系最理想的沟通模式。从当代公共关系业的发展需要和网络本身的特性来看,网络公共关系已不同于传统公共关系,传统的公共关系理论已经无法胜任网络公共关系的指导工作。因此,网络公共关系必须是以传统的公共关系理论为基础,并从公共关系业与网络特征等方面出发,创新并演绎新的公共关系观念。

美国西泰尔认为,"国际互联网的核心理念本身就是'社区'的概念。实际上,国际互联网就是在一个虚拟社区里将众多有着相同爱好的人互相连接起来,尽管这些'社区成员'可能生活在世界不同的地方。"① 在网络环境下,一般的企业已无任何秘密可言,不仅要直面媒体的拷问,甚至连"无可奉告"这样的词汇都不能在公共关系人员的口中出现。网络公共关系不仅凸显了强烈的工具性,也要求公共关系人员建立新的工作态度和工作模式,并提醒企业必须与更多的"利害关系人"打交道。企业面对的公众,不仅仅有记者、政府官员、相关领域的专家权威、消费者等,还有竞争者、存有敌意者,甚至有过去未曾想过,并且是毫无关系者,所有的网民都是企业必须经营和维持良好关系的对象。

---

① 西泰尔. 公共关系实务 [M]. 8版. 北京:机械工业出版社,2004:323.

第五章　出版企业典型公共关系

案例 5-13

《习近平新时代党的建设思想研究》
《习近平生态文明思想研究》英文版新书举行线上发布会

2020 年 9 月 29 日，中国人民大学出版社与圣智集团 Gale 公司通过网络视频的方式，共同举办《习近平新时代党的建设思想研究》《习近平生态文明思想研究》英文版新书发布会。中国人民大学副校长王轶、圣智集团 Gale 公司国际部高级副总裁兼董事总经理特里·罗宾逊、圣智集团 Gale 公司数字典藏项目副总裁塞斯·凯利等。

线上发布会由中国人民大学出版社社长李永强主持，他对出席发布会的嘉宾表示感谢，对这两本书的作者杨凤城、张云飞教授表示祝贺。他还表示，希望圣智学习出版公司与中国人民大学出版社继续保持合作关系，并进一步拓宽双方的合作模式。

二、开展网络公共关系的常用模式

1. 社会化媒体公共关系模式

所谓社会化媒体公共关系，是指出版企业利用社会化网络来进行公共关系、销售，公共关系和客户服务维护开拓的一种方式。一般社会化媒体公共关系工具包括论坛、博客、微博、微信、QQ、抖音、快手等。出版企业可以通过社会化媒体与公众进行互动，倾听公众的建议和意见，从而保持更为亲密、深度的关系，即朋友关系。

2. 整合网络公共关系模式

整合网络公共关系即为实现出版企业总体经营目标所进行的，以互联网为基本手段营造网上经营环境的各种活动，它是出版企业整体公共关系战略的一个组成部分。

3. 颠覆式网络公共关系模式

颠覆式网络公共关系模式指的是出版企业应跳出普通层面，以高端的商业策划为指导，突破常规网络公共关系方法，创造出独特、新颖、创意、吸引、持久的颠覆式网络公共关系方法，实现网络公共关系效果。

4. 非对称网络公共关系模式

非对称网络公共关系模式指的是出版企业应该以自身定位为主，通过精装、放大、唯一、记忆、侧面品牌、差异化优势的网络公共关系方法，狭路相逢却双赢的网络公共关系效果。

三、开展网络公共关系的主要作用

出版企业开展网络公共关系的主要作用有如下几点。

1. 信息反馈

出版企业可以运用自己建立的网络进行社会调查和信息传播，这种做法成本低廉、速度快捷，往往是出版企业成功策划与竞争制胜的法宝。

2. 沟通协调

网络目前已成为出版企业与内外公众进行沟通的主要方式之一。而且这种方式比较快捷、自然，上下左右沟通都可以，有利于提高内部公共关系的效能。

3. 整合营销

网络营销使得传统的营销渠道大受影响。出版企业可以直接面对消费者，这样大大降低了成本。网络营销以多角度、多板块、多手法来开展营销与服务，对定价、品牌、广告策略带来巨大的影响。出版企业还可以利用网站培养潜在消费者，如通过网站传递出版企业文化，利用各种网络手段与消费者形成持续联系等。

4. 新闻营销

出版企业可以利用网络编发公共关系软文，诠释出版企业文化、品牌内涵、产品机理、利益承诺，传播行业资讯；并利用新闻媒体的权威性来提高出版企业与产品的知名度、美誉度，从而引领消费、促进购买。

5. 危机管理

出版企业出现危机的时候，虽然有了网络而导致扩散很快，但是出版企业也可以利用网络获悉公众的反应和舆论倾向，进而通过网络及时向公众表明态度、公布挽救措施，尽快平息事态。

四、开展网络公共关系的主要方式和途径

1. 网上新闻发布（网络媒体新闻）、网上新闻发布会

其主要平台有企业的网站或网络媒体，主要为综合门户网站（官网）和垂直门户网站，一般有以下几种类型：企业综合性门户网站、行业性门户网站或媒体、新闻媒体的网络版及网络出版物。企业的门户网站相当于其在网络世界的门面、招牌、接待室。因此，出版企业的官网一定要适应目标公众的心理需要，提供他们感兴趣的信息，包括企业的基本情况介绍、主要业务、成就、最新动态等；网站一定要能很方便地进入。

2. 论坛或社区

其主要平台有企业门户网站专业论坛、专业社区网站和网络媒体开设的论坛。电子论坛是企业监控舆情最重要的渠道之一，因为它的内容很容易被网民扩散到全社会，形成社会舆论。

3. 网上公共关系活动

网上公共关系活动主要是指企业在网上开展的与企业线下相关活动相对应的公共关系活动。其主要平台有重要媒体网站、企业门户网站、SNS社区、微博、视频网站、微信、QQ、抖音、快手、论坛等。例如，网上的虚拟社区如车友会、微信群、QQ群等实际上是某一细分市场的消费者，从公共关系的角度能找到特定的目标公众。出版企业可以在相应的网站开设一个特定区域，让目标公众结成群体，不断互动，由此可能逐步达到设定的公共关系目标，如三联书店经常利用抖音或快手传递图书信息。

案例 5-14

人民教育出版社举办专项网络公益培训

2020年8月19日—20日，遵照教育部关于推动教育精准扶贫的有关指示，人民教育出版社开展了"52个县义务教育阶段课程教学专项网络培训"。培训共分为中学数学、小学数学、中学英语、小学英语、化学、物理、生物、地理8个学科进行。参加培训的有全国50多个未摘帽贫困县和青海省治多县的近5万名义务教育阶段的中小学教师。

这次培训是在教育部教材局和思政司的指导下，由人民教育出版社负责实施的，得到了各地教育管理部门和有关社会组织的支持与配合。从参加线上培训的教师的反馈来看，这次活动取得了预期的效果。

第六章　出版企业公共关系专题活动

公共关系专题活动是出版企业为了吸引新闻媒体的报道，围绕某一特定主题或目的而专门策划的公共关系活动，其目的在于通过与广大公众进行沟通，塑造企业自身良好形象，扩大本企业的社会影响。其中，既有一般新闻性活动，也有很多是被称为"事件"或"新闻事件"的活动。开展这类专题活动，则被称为"活动营销"或"事件营销"。当然，这种"新闻事件"并不是自然或者突然发生的，而是公共关系人员在真实事件基础上加以挖掘并精心策划出来的"假事件"，[①] 但它往往一般新闻更具有新闻价值、更有戏剧性（满足公众的情感需要），且与公众利益、社会利益相关联，因而公众容易接受，新闻媒体也乐于报道。

在公共关系发展过程中，"事件"是最为人所熟知、最具影响力、最为成功的一种沟通工具，"商品创造事件，事件创造新闻"。出版企业的公共关系人员可以透过专题活动，制造有关本企业的话题，创造让新闻媒体感兴趣的事件，让这些原本带有促销性质的活动信息，巧妙地转化成新闻媒体乐于报道并与公众利益有某种关联的新闻，创造和引导有利于本企业的公众舆论，纠正不利于本企业的公众舆论，使企业的好名声在更大的范围内得到更深度地传播。在公共关系的实践中，制造新闻是最主动、最有效的传播方式之一。

出版企业的公共关系专题活动一般分为如下几类：庆典活动、新闻发布、新书发布会（座谈会）、公共关系广告、赞助活动、主题读书活动、展会活动、公益服务、危机管理、会议、开放参观、抽奖活动、纪念品赠送、征文与选拔赛、颁奖活动、降价行动，以及社会组织更名、人事变动、寻找代言人等。这些活动

---

① BOORSTIN. The Image：A Guide to Pseudo-Events in America[M]. New York：Random House Inc. ,1992；11.

或者是为了向目标公众展示自身形象，或者是顺势推销企业，以维护公众对企业的态度和情感。

出版企业公共关系专题活动的具有以下特点：

（1）明确的目的。出版企业公共关系专题活动首先强调的是其目的性，专题活动一般要投入大量的人力、物力和财力，所以更关注投入的效益。专题活动社会影响面大，如果目的性不强，反而可能造成负面影响，不利于企业的形象建设。

（2）广泛的社会影响。出版企业公共关系专题活动通常都有一定新闻价值，新闻媒体一般会有所报道，再加上有众多公众的积极参与，很容易对社会产生广泛的影响。

（3）严密的操作。出版企业公共关系专题活动所牵涉的因素和环节有很多，每一道程序都应严格加以规范，具体运作起来绝不可马虎大意。

> **案例 6-1**
>
> **长江文艺出版社在京隆重举行**
> **"暖心美读书系列二周年庆典暨暖心美原创儿童文学启动仪式"**
>
> 2020年1月8日上午，长江文艺出版社在北京中国现代文学馆隆重举行了"暖心美读书系列二周年庆典暨暖心美原创儿童文学启动仪式"。应邀出席仪式的有来自中国作家协会、中国编辑学会、北京市作家协会、北京大学、北京师范大学、中国青年报社总社、人民日报、中央电视台、中华读书报、中国教育报、少年文艺、第二书房等单位的作家、专家、学者、媒体和阅读推广人。
>
> 在活动仪式上，各位嘉宾充分肯定了"暖心美读书系列"的独特价值，并就儿童文学创作、儿童成长、经典阅读等话题展开了热烈的讨论。大家一致认为，出版社应该着力打造儿童文学阅读经典，在巩固儿童乃至国民的阅读习惯，进一步提高他们的阅读能力方面做出新的尝试。

专题活动策划应遵循的以下原则：

（1）计划性原则。公共关系专题活动要纳入企业的年度公共关系计划，事先要合理安排好时间、人员和资金，制订好传播计划，切不可临时仓促进行。

（2）科学性原则。公共关系专题活动要适应企业的工作需要，遵循公共关系专题活动的内在规律，把握目标公众心理，科学选择好时机，严格按照规定的程序，有针对性地进行科学的调查与策划，并周密实施。在具体实施前，一定要进行可行性研究，力求成功。

（3）社会性原则。公共关系专题活动要符合传统习惯，顺应民意和社会热点要求（最好和名人和大事挂上钩），符合社会道德规范，并在当地政策与法规的框架内实施。

（4）创新性原则。公共关系专题活动最有价值的部分就是它的创新之处，活动必须紧紧围绕"新、奇、特"做文章。创意要做到别出心裁、令人耳目一新，特别是要为活动提炼出一个醒目而独特的主题，在活动的全过程都要处处突出这个主题。因为在现代社会，公众每天接触的信息太多，平淡的创意很难引起他们的关注。成功的公共关系专题活动之所以能产生"轰动效应"，其重要原因之一就在于其别具一格。公共关系策划人员一定要懂得，只有新奇有看点的活动，才能吸引新闻媒体并打动企业的目标公众。

（5）实效性原则。公共关系专题活动动用的企业资源较多，不仅要求确保成功，而且还应当考虑要有尽可能多的回报。公共关系人员在活动具体的实施过程中要务求积极主动，力争取得最好的传播效果。

出版企业公共关系专题活动的具有两方面作用。

（1）创造强烈的社会传播效果。公共关系专题活动往往参加人数众多，场面壮观，气氛热烈，而且很多环节都带有戏剧性，感染力强，因而能产生极大的影响力，形成强烈的社会宣传效果，有利于扩大企业的社会影响，所以是公共关系策略经常应用的形式。

（2）有力促进社会文化的发展。经过精心策划的公共关系专题活动是为公众而设计的，最终会逐步形成出版企业文化、商业文化，从而推动社会文化的发展和进步。

第一节 庆典活动

庆典活动是出版企业围绕重大事件、重大活动而面向社会和公众开展的，旨在展现自身社会组织能力和文化素养的典礼、庆祝和仪式等的总称，一般把其当成一种"制度或礼仪"。① 庆典活动既可以当成一项专题活动单独开展，也可以是大型公共关系活动的某个程序，它是出版企业经常使用的一种十分有效的公共关系传播形式。出版企业通过邀请知名人士和新闻记者参加，既可以营造热烈喜庆的氛围，又可以充分展示企业的综合实力及其领导者的社会组织能力、社交水平和文化素质。如果庆典运用得当，可以产生很好的社会影响，大大提高企业的知名度、美誉度和和谐度。

庆典活动的种类比较多，常见的庆典活动有节日庆典、开业庆典、开工典礼、落成典礼、开幕仪式、奠基仪式、闭幕典礼、周年庆典、特别庆典和签字仪式等。虽然一些基本的要求是共同的，但每一类庆典活动对策划的具体要求都不一样。这就需要公共关系人员区别对待，根据公共关系活动目标而对具体实施的策略、程序和内容有所侧重。一般来说，大型的专题活动不宜过多，一年有 1~2 次足矣，否则会让公众产生"审美疲劳"，费力不讨好。庆典活动涉及面比较大，持续的时间也往往较长，公众的关注度较高，往往会给人们留下较深的印象。

一、出版企业举办庆典的基本原则

1. 计划性原则

企业要把庆典活动纳入整体规划，要通盘考虑。庆典活动应重点突出、主题鲜明，使其服务于提高本企业整体效益的目的。

2. 适时性原则

企业要选择好恰当的时机，使庆典活动与企业需要、市场需求相吻合。这样

---

① 周安华，等. 公共关系：理论、实务与技巧 [M]. 2 版. 北京：中国人民大学出版社，2007：171.

可以吸引更多公众的关注，进而扩大本企业的社会影响。

3. 科学性原则

庆典活动涉及众多环节、众多人物、众多活动内容，企业一定要精心策划、周密实施。庆典的每一个环节都要讲究科学设计、合理社会组织，有条不紊，要有应对出现特殊情况的预案。

4. 新闻性原则

庆典活动一般都会邀请新闻记者参加。新闻记者报道新闻的前提是有他们感兴趣或者公众感兴趣的新闻素材，庆典活动要设法制造出这样的素材。

5. 时效性原则

企业举办庆典活动既要节省资金，又要热烈隆重。既然是庆典活动，就要在议程安排、会场布置等方面，力求符合公众节庆的心理，以期振奋员工精神，展示企业的实力和精神风貌，增强宣传效果。

二、出版企业举办庆典活动一般应注意的具体事项

（1）企业要巧妙地选择庆典活动的主题，做好对外传播的各项策划工作。因为庆典活动向外展示的是企业的自身形象，所以主题选择要充分考虑企业的实力表现和公众的心理期待。主题除了要独特新颖，有深刻内涵外，还需要有艺术美，这样才能加深公众对庆典活动的印象，从而有利于树立良好的企业形象。

（2）精心拟定出席庆典活动的领导和其他重要宾客名单，并事先发出邀请。庆典是一个综合性的公共关系活动，涉及方方面面，邀请的对象也涵盖很多行业。因此，一定要精心选择好对象。一般来说，来宾应包括政府官员、社区领导、知名人士、社团代表、同行代表、员工代表、公众代表和媒体代表等。邀请函或请帖要诚恳、稳重、大方，重要的邀请对象亲自上门递送请帖，以示尊重。

（3）制定相互衔接紧密、日程安排合理的庆典程序。庆典程序的确立是一个非常敏感但又很规范的工作。其常见的程序是：主持人宣布活动开始，介绍上级领导和其他重要来宾；社会组织负责人或来宾代表（一般是上级领导和重要来宾）致辞和讲话；然后是剪彩或参观，座谈和宴请，以及文体节目表演等。

（4）事先确定致辞、致答谢词、剪彩、揭牌人员的名单。企业一定要慎重

选择典礼致辞或致答谢词的人员,要充分考虑其是否有权威性和代表性,是否为大家所认同,事前一定要反复征求各方面的意见,否则造成的后果可能是很严重的。

(5) 妥善安排接待、送行等物质、后勤、保安等项事宜。庆典活动参加的人多,工作人员要做好社会组织分工。应提前准备好签到或题词的纸张、休息室,剪彩用的剪刀、彩绸带,布置会场的标语、音响器材、摄录器材、锣鼓和鞭炮等,宴会地点,赠送给来宾的礼品,交通车辆等都要提前落实。每个环节都要做好安保工作。

(6) 准备好给各媒体单位的新闻通稿。公共关系新闻是不花钱的广告,对于出版企业来说,争取新闻媒体的支持十分重要。在庆典活动期间,一定要邀请新闻记者前来参加。公共关系人员要及时把庆典活动的基本情况、背景材料、图片等素材提供给新闻记者。如果有比较重要的新闻记者未到现场,可以把这些材料及时送达给他们,让他们根据情况编辑和播发,以扩大庆典活动和企业信息的覆盖面,进而提高本企业的知名度和美誉度。

(7) 举办座谈、留言等活动征求公众的意见。庆典活动搞得好不好,公众的评判最有参考价值。在庆典活动进行过程中或者结束之后,公共关系人员要举办活动征求公众对庆典的建议和意见、检讨得失,以便改进工作。

案例 6-2

三联韬奋书店重张开业

2019年12月30日,有着23年历史的三联韬奋书店在北京东城区美术馆东街22号重张开业。

北京市委常委、宣传部部长杜飞进,中宣部副秘书长、出版局局长郭义强,中国出版集团有限公司董事长、党组书记谭跃出席活动并讲话。学者作者代表李零、读者代表夏青峰和三联书店党委书记李三秋分别致辞。出席活动的还有中国出版协会、中国出版发行协会、人民出版社、商务印书馆、人民文学出版社、中华书局及北京市东城区有关单位负责人。

第六章　出版企业公共关系专题活动

新开张的三联韬奋书店新总面积达 1800 平方米，陈列图书近 10 万种、30 多万册。新书店无论空间布局、书架设计，还是图书陈列既别出心裁，又科学合理，让读者有独特的体验。

特别值得一提的是，书店还与时俱进，新设立了"数字阅读"专区、"创意产品"专区和两处用于举办文化活动的空间，还开设了三联书店"店史陈列馆"，让读者在选购图书之余，感受三联书店的厚重的历史文化气息。

第二节　赞助活动

赞助是指出版企业以捐赠的形式，向某一社会事业或社会活动提供资金或物资，以承担社会责任与义务，赢得社会好感的一种公共关系专题活动。从世界范围来看，目前各类出版企业及其所设立的各种基金会的赞助，已成为许多发达国家教育、科技、文化、体育和社会慈善事业蓬勃发展的主要动力。这是一种信誉投资、感情投资，是出版企业改善社会环境和社会关系最有效的方式之一。

案例 6-3

二十一世纪出版社集团携手陶勇医生发起公益阅读活动

2020 年 4 月 23 日是第二十五个世界读书日，二十一世纪出版社集团携手陶勇医生发起"悦读世界与爱同行"公益阅读活动。

陶勇是北京朝阳医院的著名眼科医生，2020 年 1 月 20 日出诊时不幸被患者砍成重伤，引起多方关注。住院期间，陶医生想得最多的不是恨，而是何时能恢复健康，重新走上手术台。烦闷之际，有人给他送来了一本《白衣超人》（公益绘本），这本书是由二十一世纪出版社集团在疫情防控期间策划完成的。书中讲述的是一个不幸感染新冠肺炎的小男孩在医院接受隔离治疗的故事。陶勇医生看后深受感动，后来就有了与二十一世纪出版社的合作。

> 这次公益阅读活动的规则是，2020年4月23日0时至4月30日24时期间，读者通过唯一销售平台京东平台每购入一本《白衣超人》，即贡献了一份爱心。活动期间，该书销售产生的全部利润将通过中国光华科技基金会定向捐献给因此次疫情致困的湖北籍儿童。

1. 赞助活动的主要对象

赞助活动一般属于较大的投资，而其回报往往又不是能立竿见影的。因此，出版企业在选择赞助对象时要充分调研、慎重选择。一般来说，赞助对象应该是公众乐于支持又最需要支持的事业。新闻媒体报道的热点领域、关乎人类发展的领域及道德评判色彩浓郁的领域，往往最容易触动公众的神经。具体来说，体育领域是世界性的媒体报道热点，环保、医疗卫生、文化和教育事业关乎人类的健康发展，各国、各地区都非常重视。例如，雅昌文化集团在北京印刷学院设立"雅昌教育奖"，用以奖励教师和学生，效果就非常好。而社会慈善及福利事业最需要社会爱心人士的支持，这些都是出版企业经常赞助的主要社会活动对象。此外，地方性的节日庆祝活动、大型展览、各种专业团体、文物保护等也是赞助的对象。

2. 赞助的目的

根据我国学者陶应虎等人的概括，赞助的目的通常包括以下四种：[①]

（1）追求新闻效应，扩大社会影响。赞助活动特别是重大赞助活动都会被新闻媒体宣传炒作，引起社会反响，这可以证明企业的实力。

（2）增强广告效果，提高经济效益。赞助活动可以提高企业的知名度，增强企业有关产品与服务广告的说服力。

（3）联络公众感情，改善社会关系。赞助活动有时也可以理解为"取之于民，用之于民"，可以拉近企业与公众的距离，改善彼此间的关系。

（4）提高社会效益，树立良好形象。赞助是行善之举，有益于社会，自然能赢得公众的喜爱。这有利于形成企业良好的生存与发展环境。

---

① 陶应虎，等. 公共关系原理与实务［M］. 北京：清华大学出版社，2006：122.

企业的赞助活动，实质上是其有形资产向无形资产的转化过程，可以通过显著的社会效益来促进其经济效益的提高。

3. 开展赞助活动应该遵循的原则

（1）针对性原则。企业应认真研究赞助对象和赞助项目的社会意义与影响，分析某赞助项目可能产生的社会效果，尽可能选择具有积极的社会意义、影响广泛、有长远发展前途的事业和项目。同时，要避免从众，不要盲目模仿，而应考虑赞助对象与企业的生产经营活动、经营战略、内部文化的相似性和一致性，并善于率先赞助那些有前途的新兴事业，如此可实现效益的最大化。

（2）系通性原则。企业要注意所赞助项目的相对集中和前后照应，集中轰炸，从而给公众留下系统、深刻的印象。

（3）实效性原则。企业要充分考虑赞助活动本身的传播效果，分析比较不同的赞助对象、赞助方式能在多大程度上有效地扩大企业及其产品的社会影响力，提高知名度、美誉度，并具体分析公众及新闻界对有关赞助项目的关注程度，赞助本身所能得到的传播补偿方式（媒体情况及报道的情形，分配的广告牌数量，电视报道的时间、次数及覆盖面、观众数量等）。

（4）合理性原则。赞助活动投入巨大，企业一定要根据本企业的经济承受能力，决定赞助的合理规模，量力而行。

（5）规范化原则。企业要强化对赞助活动全过程的管理和监督，使之规范化、科学化，以提高资金使用效益。

4. 赞助活动的一般工作程序

（1）深入调查研究，明确赞助目标。企业可以自选赞助对象，也可以应某个对象的要求来确定。确定之前，要做好调研工作。调查内容包括：赞助对象的社会背景及信誉，其他企业为之提供赞助的情况，本企业自身实力、目标公众意愿、企业自身的经营目标与公共关系战略、赞助活动的影响力大小等。

（2）研究赞助项目，制订赞助计划。企业要分析赞助的成本及可能获得的综合效益，了解有关方面给赞助提供的回报条件和传播补偿方式、标准等；形成该赞助项目的可行性报告，提交批准。

（3）制订具体方案，择期开始实施。实施方案要对双方的责任、义务、关系、经费预算,企业对活动控制的范围和方式,提供赞助的具体步骤都作出明确的规定,签订协议书。

在实施过程中,企业要派专人负责,协助和监督该项目的实施情况。高额赞助费应分阶段、有计划地逐步支付,以保障赞助项目的效果。

案例 6-4

人民教育出版社向"苏步青数学教育奖"捐资 150 万

人民教育出版社是我国中小学教材的主要提供者,长期以来和全国中小学教师建立了紧密的联系。该社通过资助教学研究会、年会、研讨会、教学观摩、教学评比等学术活动经费等方式,帮助他们提高业务能力。设立于 1991 年的复旦大学苏步青教育奖的奖励对象是中学数学教育工作者,该奖是我国中学数学教育的最高荣誉。经过协商,人民教育出版社和复旦大学教育基金会决定开展合作。

2017 年 12 月 1 日,人民教育出版社在北京与复旦大学教育基金会签署了合作协议,捐赠 150 万元现金用于该基金会"苏步青数学教育奖"第 11、第 12、第 13 届的评选工作。第 11 届"苏步青数学教育奖"金奖获得者、石家庄教科所副所长、正高级教师张慧英作为获奖代表也在捐赠仪式进行了发言。

第三节 公共关系广告

这里所说的公共关系广告,就是出版企业不直接推销产品,通过购买大众传媒的时间或空间的使用权,向公众宣传企业的发展现状、实力、成就和社会责任感和使命感,树立出版企业形象的一种广告。也称为企业形象广告。[1] 其目的是树立出版企业的形象,优化企业环境,扩大企业的知名度,提高美誉度和和谐度,以得到公众的广泛支持。

---

[1] 童兵,陈绚. 新闻传播学大辞典 [M]. 北京:中国大百科全书出版社,2014:473.

1. 公共关系广告与一般的商业广告的主要区别

（1）公共关系广告是一种长期行为，制作周期长、费用高；而一般的商业广告是短期行为，制作周期短、费用低。

（2）公共关系广告不直接劝说顾客购买某项产品或服务，而主要宣传企业的信誉和形象，追求的是长期效果；一般的商品广告主要宣传企业的产品或服务，追求的是近期效果。

（3）公共关系广告一定要传递真实全面的信息；而一般的商业广告只作正面宣传，不涉及产品或服务的不足，难免有夸大、误导之嫌。

2. 公共关系广告的主要类型

（1）观念广告。它是以企业理念作为主要传播内容的广告。这类广告往往因为含有友善、爱心、进步、奉献等内涵而容易被公众所欣赏，有利于企业形象的建立与维护。例如，人民教育出版社的"培根铸魂，启智增慧"，雅昌文化集团的"通过为人民艺术服务，实现艺术为人民服务"等就属于这类。

（2）实力广告。它是以突出介绍企业的规模和社会影响为主要内容的广告。这类广告以真实的数据来说服公众，能强化公众对企业的认知，进而获得公众的认可和信赖，有利于扩大企业的知名度。例如，商务印书馆的"中国现代出版从这里开始"，高等教育出版社的"唯一入围全球50强的中国单体出版机构"，三联书店的"最美书店"等广告即如此。

（3）响应广告。它是针对政府某项政策或对某个重大问题而表态的广告。这类广告因为针对的是热点，往往会引起公众的注意，如"北人集团支持'大学生服务西部计划'"等广告。

（4）商标广告。它是以宣传产品的商标为主要内容的广告。这类广告往往需要以产品的质量优异作为前提，如"艺术雅昌"等广告语。

（5）公益广告。它是表达企业对于社会公益事业的态度和行为的广告。这类广告表达的是企业对社会的责任和爱心，比较容易打动公众，如商务印刷馆的"为中国未来而读"等。

此外，还有祝贺广告、声明广告、谢意广告、信誉广告（如有印装问题本社负责调换）等。

3. 发布公共关系广告的一般程序

与一般广告的发布程序一样，出版企业公共关系广告发布的一般程序如下。

（1）企业环境分析，包括企业现状，公众对本企业的基本看法，公众对企业的负面看法、产生原因及其对策。

（2）目标公众选择，即确定企业的公共关系广告主要面向哪些公众。

（3）进行广告定位。所谓定位，就是把产品定位在顾客心中某个位置，如"亚洲唯一印刷高等学府""艺术雅昌"等。企业要根据自身实力和公众心理确定自己的位置。定位技巧主要有：借助出版企业荣誉，如"世界知名教育出版机构"；满足公众独特需求，如"一站式购物""一条龙服务"；针对竞争对手等。

（4）确定广告主题，即用简洁的语言阐述广告的中心思想。广告主题应该新颖、独特、真实、可亲、可信。此外，还要注意与企业的产品（服务）广告、与企业的重大举措、与外部环境的协调统一，这样才能迅速得到目标公众的认同。

（5）选择适当媒体。现在社会媒体种类很多，每种媒体各有优点和缺点。因此，企业需要按照科学方法对主要的意向性媒体进行综合评价，然后再选择那些传播范围广、传播速度快、针对性强、形式新颖、费用相对较小的媒体，并按约定时间发布。

（6）进行广告效果评估。公共关系广告效果评估主要包括广告注意率测评（可通过市场调查获取相关数据）、广告记忆率测评、广告经营效果测评等。其中，广告效果比率可以按照好感公众增加数（或销售增加数）占公共关系广告费用增加数的比例计算得出。公共关系广告效果评估，有利于分析前期工作得失，以便对公共关系广告策划与运作进行有针对性的改进。

4. 公共关系广告的作用

（1）扩大企业的名气，推动产品的销售。公益广告的内容因为看起来比较高尚，所以很容易进入公众的内心世界。通过发布公共关系广告，企业的知名度能得到提升，相关产品与服务自然会比以前销售得快且多。

（2）融洽内外关系，优化发展环境。公共关系广告在很大程度上代表着企业的价值观，这种价值观一旦向市场推广，不仅让内部公众感到自豪，而且对他们的言行也是一种无形的约束，从而可以进一步增强企业的凝聚力。此外，公共关系广告也容易感染外部公众，使他们愿意与企业交往、解决困难，这样企业的生存与发展环境就会进一步得到优化。

（3）树立企业形象，提升企业信誉。公共关系广告除了可以提升企业的知名度外，还可以提升企业的美誉度尤其是信誉。当今世界，产品极大地丰富，同质产品很多。很多顾客购买产品和服务更多的是凭感觉，而不仅仅是看质量。有美誉度和信誉的企业，其产品和服务自然会受到更多顾客的青睐。

第四节　新闻发布会

新闻发布会也称记者招待会，是指出版企业为了公布重要的新闻或者解释重要的方针、政策而有意邀请新闻媒体公众参加的一种公共关系活动，这是企业与新闻界建立和保持联系的一种常用的形式。出版企业以这种方式发布信息，比较正规、隆重，有深度，规格也高，还可以在现场与新闻记者进行交流，容易引起公众的广泛关注，能在短期内迅速扩大企业的社会影响，化解不利因素，为企业营造和谐的外部环境。由于召开新闻发布会是一项相对比较经济、效果较好的一种公共关系传播方式，故为大多数企业所乐于采用。

新闻发布会的工作程序虽然看起来简单，但实际操作起来却具有很强的挑战性，因为要考量的因素包括出版企业和媒体记者为此付出的时间成本和精力有多大，现场主持人和发言人的心理素质和现场反应能力是否合乎要求，他们所传达的事关企业的信息准确与否，他们是否有足够的情报与判断力来应付那些见多识广的新闻记者的提问等，所有这些都很难完全掌控。而且，对于出版企业来说，也不是任何时候、任何事情都需要召开新闻发布会来承担公共关系传播工作。因此，有经验的出版企业一般对召开新闻发布会都比较慎重，轻易不举办这样的活动。

1. 举办新闻发布会的前提

一般而言，只有同时具备下面三个条件，出版企业才有必要举办新闻发布会。

第一，新闻发布会的主题是新闻记者感兴趣的，每个新闻发布会都应有创意性元素，能激发媒体公众的兴趣，并易于理解其内容；第二，企业所提供的信息一定会造成轰动；第三，充分相信新闻发布会现场不大可能失控。

2. 新闻发布会的一般程序及注意事项

(1) 确定主题。

主题就是召开新闻发布会的具体而充分的理由，可以是公布一个重大消息，也可以是介绍企业的一个新产品（如新书），或者是就某件事件作进一步的解释和澄清。必须注意的是，发布会只能有一个主题。如果有多个主题，则很容易分散新闻记者和公众的注意力，影响主题新闻价值的顺利实现，也就达不到企业所需要的传播效果。

(2) 确定邀请对象。

新闻发布会也就是记者招待会，新闻记者当然是邀请对象。但是，各类新闻媒体有不同的特点和不同的受众，也有不同的新闻侧重面。因此，公共关系人员应根据新闻发布会的主题，有选择地邀请有关新闻记者来参加。另外，也应该考虑事件发生的范围。若只限于地方性影响，由地方媒体记者参加即可；若影响范围波及全国，就应该邀请全国性媒体记者参加。通常的做法是，邀请那些企业比较熟悉、平时彼此关系不错，同时权威性、专业性比较强的媒体记者。一般来说，到会的新闻媒体越权威、越专业，新闻发布会的效果越好。

除了新闻记者外，凡事情涉及的其他单位、部门或公众群体也应在邀请之列。

(3) 会前准备。

第一，确定时间和议程。时间选择上要尽量避免与重大新闻事件"撞车"。一般选择上午举行，以方便新闻记者发稿。但发布坏消息或较易引发争议的新闻发布会，最好安排在周五下午，以借助周末冲淡坏消息的影响力。新闻发布会的议程安排要做到议题紧凑、节奏明快，最好不要超过半个小时（不包括新闻记者单独采访时间）。

第二，选择场地。地点的选择应主要考虑新闻记者的方便，也可以依照增进亲切感和有创意的原则来选择合适的地点，如草坪、艺术场所等。要提前布置好现场，设计制作好主题背景，并为新闻记者提供必要的工作设备如传真机、收音设备、拍摄辅助灯光和专区设置、交通和停车的方便性等。这一项工作至少应提

第六章　出版企业公共关系专题活动

前半个月完成。

第三，准备新闻发布稿。一般来说，新闻发布稿可分为喜庆性新闻发布稿和突发性新闻发布稿。如果是前者，内容上只需简要介绍事情的梗概、所体现的价值和社会意义即可，具体细节可以放在回答新闻记者提问时再作介绍。写作时，要注意用事实说话，突出团体的作用，不要自夸，要多引用公众的赞誉。如果是后者，在内容安排上要首先表明企业的态度，然后说明真相及其原因，接着是总结经验教训，企业采取或拟采取的措施对策，最后是承诺。

在准备新闻稿的过程中，还需要准备"模拟问答要点"和模拟演练，增加主持人和发言人对主题的熟悉度，以增强其自信心。"模拟问答要点"的主要内容包括：本次新闻发布会的主题是向公众发布喜讯，还是就某个事件表明本企业的态度；该主题的意义；对本企业、公众和社会环境可能产生的影响；该主题的主要内容；对主题内容的说明；主题内容是否涉及敏感问题，有无材料证明；其他必要的材料。

第四，准备好给新闻记者的新闻资料袋。这些资料是出版企业的公共关系宣传文件和相关资料的组合，包括新闻稿、相关背景资料、企业简介等，如实施或背景资料、主管介绍、本企业对事件立场的文件、企业刊物、新闻稿、赠品和样品、新闻照片等。材料应以介绍事实为主，不加议论，供新闻记者写稿时参考。这些新闻稿就是新闻记者见报的初稿，是方便新闻记者工作的，可增加刊载机会；新闻稿被刊载意味着有利于本企业的观点、信息得到了有力的传递。

第五，印发请柬、布置会议场地、准备现场参观或实物、进行图片展览、编印文字材料等。请柬应该在会议前一周发出去。布置会议场地时，应准备好录音、录像所需的设备。为了便于新闻记者自由采访、实地考察，还可以安排准备一些现场参观、实物、图片展览等。

第六，选好主持人和发言人。所定人选必须在本企业具有一定的职位，有相应的知识基础、出色的语言表达能力，还要熟悉新闻发布会的主题和公共关系目标，并对可能出现的突发状况有掌控和解决的能力，能维持好会场的气氛。这是新闻发布会成功与否的关键所在。主持人和发言人除了要传递重要信息外，还要准备回答新闻记者提出的各类问题。为稳妥起见，主持人、发言人和接待人员应有明确分工，让新闻记者受到良好的接待，也让发言人有充分的精力和时间应付难缠的问题。发言人最好在会前接受面对新闻记者的专项训练。

（4）主持会议。

主持会议的一般是本企业的领导人，但公共关系人员应意识到领导人形象代表着企业形象，因此新闻发布会无论以什么为主题，都是企业形象不可忽视的亮相。公共关系人员应为会议主持者做好形象设计，并及时提出建议。会议主持者的服饰仪表、举止谈吐均应该给人以礼貌、冷静、真诚、温和的感受。

对于早到的摄影记者，企业要注意安排专人陪同，尤其要避免让他们看到那些不便拍摄的场景。

如果新闻发布会开始的时候，到达现场的新闻记者人数不足，则可以适当延迟开会时间。

在回答新闻记者提问时，发言人应摆正心态，真诚地面对对方，围绕主题坦诚回答新闻记者的提问，要尽量用肯定的语调公布事实确凿的信息，即"用事实说话"。要礼貌对待新闻记者，不要随便打断新闻记者的发言和提问，更不要采取任何手势、动作和表情来阻止他们。对于不愿发表评论又无法回避的问题，不要用"无可奉告"之类的词语（因为这容易让新闻记者误以为企业的诚意不够或故意回避问题，但外交场合可以用）。一般只需认真解释不便发言的原因即可。需要回避的，应处理好运用技巧（如用技巧性语言在不知不觉中转移话题，或者表面上虽作了回答，但事实上并未提供实质性信息）。

遇到某些情况下记者闹场时，应力争避免和新闻记者发生正面冲突，同时还要展现耐心和修养。如果场面失控，主持人应及时向新闻记者道歉，然后要求对方冷静退场，必要时可报警处理。如果闹事者假冒新闻记者提问，可以回答；如果所提问题过于离谱，可以请他表明是哪家媒体的新闻记者，迫使对方不再捣乱。

（5）收集反馈信息。

新闻发布会召开过程中或结束后，公共关系人员都应该密切注意会场气氛和动态，及时统计发布会现场基本数据，了解并广泛收集各家新闻媒体对本次新闻发布会的报道角度和情况（包括征询部分新闻记者对本次招待会的看法和意见),分析检查是否达到预期的目的和公共关系目标。学者李希光认为,"对新闻发布会效果进行评估主要实施解决以下两方面的问题:宏观方面,了解发布会对媒体议程设置的影响,即研究发布会后,媒体形成了什么样的议程进而导致公众形成了什么样的舆论;微观方面,了解发布会对逐条新闻稿件选题和写作的影响,即发挥会对记者怎样写新闻起到了什么样的作用。"①

案例 6-5

中信出版集团在京举办"知识×进化"新知发布会

2018年1月8日,中信出版集团在北京举办"知识×进化"新知发布会。

著名作家者琢磨先生担纲这场思想发布会的主持,中信出版全球思想者阵容代表者、著名经济学者吴晓波、薛兆丰,微软中国副总裁庄海欧,《物联网时代》作者、思科全球战略创新事业部副总裁马切伊·克兰兹等专家应邀出席,并围绕"知识×进化"这个主题分别发表了演讲。美国桥水公司创始人、《原则》作者瑞·达里欧发布了视频演讲。

中信出版集团王斌董事长回顾了中信出版集团的发展史,他指出,中信出版集团从一个小型专业出版商不断自我革新,从知识和技能的提供者向知识服务者进化,从前瞻认知提供者向话语体系塑造者进化,从以产品为中心向以用户为中心进化,从单一的知识产权运营商向综合文化服务提供商进化,现在已发展成为大众出版市场繁荣的推动者,信息及知识服务的探索者,文化新零售的开拓者,少儿与教育产业的建设者。他进一步提出,今天人类已经进入了智权时代,颠覆性技术会带来全新的产业,最终回到个体。中信出版集团将顺着时代的大潮,从知识和进化两个角度重新定义出版,建立"出版+信息和知识服务+文化新零售+教育培训"四位一体的全新商业模式和主业结构。

"知识×进化"大会以前瞻思想发布和中信出版战略进化为纲要,为现场和全国读者奉上一场出版业有史以来最特别的发布会。

---

① 李希光,等. 发言人教程[M]. 北京:清华大学出版社,2007:203.

第五节　开放参观

在出版企业的外部公共关系活动中，为了让公众全面了解本企业的状况，密切内外关系，有时需要社会组织一些对外开放参观的活动，这是公共关系活动中的重要手段。开放活动是指有意识地请公众到企业里来参观，向参观者传递本企业的相关信息，展示自身的实力与成就，目的在于密切与社区公众和某些目标公众的联系，增进公众和社会对企业的了解、信任，为本企业营造良好的社会环境。

1. 开放参观的一般工作程序

（1）明确目标。事先要充分利用企业自身具备的优势和特点，确定开放参观活动的主题和内容，明确所要达到的目的。

（2）确定参观日期。参观日期的确定要精心选择，最好不要与重要节日（因为此时公众往往抽不开身）或本企业正在开展的重大活动（不好接待公众）相冲突。一般可以选择与本企业有关的特别日子（如开工、开业、周年庆典等）。除了参观外，最好还要给公众安排一些其他活动加以配合。

（3）成立机构。开放参观对企业的社会影响关系重大，要成立专门的办事机构来统筹安排，负责人应是企业决策层面的有关人员，他出面便于协调。

（4）确定内容。对外开放参观一般可分为现场观摩、介绍（讲解员承担）、实物展览（补充说明）等。企业事先要美化环境，准备宣传品，布置好主要参观处所，确定开放参观活动的范围和路线（一般还要事先设置路标）。

（5）选择观众。根据开放活动主题的特点和实际需要，要审慎确定和邀请参观对象。可分别邀请员工家属、社区公众、有关协作单位或社会组织、股东和其他投资者公众、新闻媒体、同业公众、与企业有关的各类专业团体、政府机关、社会名人、科教文化单位、海外客商、投资者，以及各种慈善社会组织和社会福利团体等。

（6）做好宣传。通过新闻媒体传播相关信息，让更多的公众了解并注意到企业的开放活动，以吸引公众的参与。

（7）做好接待。包括向导、解说和服务工作。要提前训练好足够的接待人员，为参观者提供交通、伙食、休息、娱乐、医疗、讲解、向导、欢送等方面的周到细致服务。要重点安排专业人员做好解说和接待工作，因为这是开放参观活动的最关键的一个环节。

2. 开放参观活动需要注意的事项

（1）参观活动一般人数较多，要采取积极有效的各项预防性、保障性措施，做好必要的保密工作，以防出现意外，要确保参观人员的安全。

（2）参观活动是对企业的一次全面检阅，员工的表现十分重要。企业要采取有效措施强化员工的全员公共关系意识，所有员工对参观者都要做到态度热情、服务周到。

（3）对所有参观者都要一视同仁、热情接待，并认真听取参观者的意见和建议。

（4）适当安排一些参观者可以参加的活动，丰富活动内容，从而增进他们对企业的感情。

第六节　展会活动

所谓展会，是指出版企业围绕自身成果，运用经过反复精选的实物、模型、文字说明、图片、宣传品、现场讲解、幻灯片、视频、音响效果、模拟制作、小型研讨等多种媒介、符号和手段进行的综合传播活动。展会具有形象、生动、直观及融知识性、趣味性于一体的特点，因其风格统一，艺术感染力强，所以对公众有比较强的吸引力，容易成为新闻媒体宣传报道的对象。目前，展会已变成一个规模庞大、市场前景广阔的朝阳产业。

1. 展会对出版企业的主要作用

（1）展会能有效地传播出版企业的信息，展示企业的综合实力。借助展会，企业可以把自己的产品（服务）、竞争实力、精神风貌、特征等方面的信息直观地传递给公众，并可以让公众在现场亲自体验，说服力强，有利于扩大本企业的知名度。

（2）宣传企业形象。现代展会往往运用高科技手段和艺术化的表现手法，

出版企业公共关系实务

通过美轮美奂的图片、极具梦幻色彩的视频，以及精彩绝伦的实物展品来取悦观众。这样就可以让公众在参观过程中获得愉悦的感受和极大的满足，从而使企业的形象得到有效的传播。

(3) 能和目标公众进行有效的双向互动。展会一般都设有双方互动环节，以方便沟通，让企业与公众获取对方的信息，从而加深双方的了解。

2. 展会的形式和分类

展会有多种形式，展销会、博览会、展示会等都属于此类。至于展会的类型，目前有很多种分类法：按照展会的性质划分可分为贸易展览会和宣传展览会；按照举办地点来划分，可分为室内展览会和露天展览会；按照项目来划分，可分为综合性展览会和专业展览会；按照规模来划分，可分为大型展览会和小型展览会。其中后面两种分类法较为常见。综合性展览会一般规模较大、层次较高。而专业展览会内容集中，针对性强，目标公众定位较为明确，规模适度，但有时候根据市场需要或市场反应也能形成较大规模。

大型展览会通常由专业的展览机构主办，参展者可通过报名、缴费租用展位的方式参展。世界著名的图书展会有德国法兰克福书展、东京国际书展、北京国际图书博览会等。小型展会往往由出版企业自办，主要用于展示本企业的产品或与本企业关系密切的主题。常见的有企业产品陈列室、厂史展览室或其他相关的专题展览。其中，有些展览应该长期保存，它们是公众认识、了解出版企业的窗口，也是集中体现企业文化、企业精神，并对员工进行相关教育的理想场所和有效方式。

案例6-6

中国人民大学出版社参加
第二十七届北京国际图书博览会云书展

2020年11月第27届北京国际图书博览会云书展开展，中国人民大学出版社遴选了184种人文社会科学精品图书参展，其中有70种图书与国外机构签署了版权输出协议。

第六章　出版企业公共关系专题活动

> 书展期间，中国人民大学出版社在线上与数家外方出版社举办了一系列新书发布活动。这些新书是：《中国信息资源产业发展与政策》等五书英文版（与泰勒·弗朗西斯出版集团），《中国网络社会研究报告（2016）》《转型期中国社会福利研究》两书英文版（与施普林格·自然集团），《开创社会主义生态文明新时代》《中国经济双重转型之路》两书波兰文版（与波兰马尔沙维克出版集团），《中国经济发展的轨迹》等阿拉伯文、法文、德文版（与黎巴嫩数字未来出版社和德国欧弗洛斯出版社），《习近平新时代党的建设思想研究》《习近平生态文明思想研究》英文版（与圣智集团 Gale 公司）。
>
> 中国人民大学出版社还与委内瑞拉中国问题研究中心、施普林格出版社进行了线下面对面交流，均表示要加强合作。
>
> 与此同时，中国人民大学出版社还邀请了国内外知名学者、出版人，围绕一系列重大理论问题和现实问题，特别是疫情后中外学术研究和出版、中国文化国际传播、数字出版等话题进行了线上交流。

3. 举办展会的一般程序及工作内容

策划与企业有关的小型展会，是出版企业公共关系人员的一项重要工作。首先，要深入分析参展的必要性与可能性。如果有必要，也有可能，则可以开始进行具体实施。其运作程序大致包括以下部分。

（1）确定展会主题，制订详细的计划，明确展会的内容、形式、结构、持续时间、传播方式等，落实展会所需经费。

主题要以各种形式（如口号、徽标、纪念品、主题曲等）表现出来，要明确是推销本企业的产品，还是传播企业形象。在地点选择上，要考虑周边环境、配套设施，尤其是交通便利情况。经费支持还要合理，在展览时间安排上一般不宜超过3天。

（2）搜集、复制各种展品，并按整体计划，对展品进行编号和陈列。要尽量选择有竞争力的优质产品（或服务项目）参展。

（3）准备各种文字说明和宣传品，与美术师、灯光音响师等一起布置展览会场。

（4）对参展工作人员进行培训，包括讲解员、接待员和业务员等。

（5）策划、社会组织展会的开幕式，诚恳地接待和欢迎前来采访的媒体公众及其他各类公众，热心地为公众进行讲解。

（6）收集反馈信息。采取各种方式，及时了解公众对展览的意见和反映，作为对展览成效进行测评的依据。长期陈列的展览，要及时地补充新的内容，使之更适合不同阶段公众的参观需要，更能反映出版企业工作的开展过程和最近成就。

4. 展会的一般要求

（1）展会应该有鲜明的、有特色的主题。

（2）展会的规格、色彩和特征要新颖美观，富有独特魅力。

（3）公共关系人员面对公众要态度真诚，有条不紊。

（4）展会要通过新闻媒体进行大规模对外宣传，以扩大社会影响。

第七节　危机管理

世界是变化的，企业所面临的内外环境也会变化。任何企业在发展过程中都不可能是一帆风顺的，总会遇到各种各样的麻烦或问题，这些问题常常表现为由非正常因素所引起的非正常秩序，一般称为危机。我国的出版企业虽然制度基本健全，管理较为规范，大部分情况下都是正常运转的，但也难免会出现问题。因此，正确地对待危机，妥善地处理好各种意外事件，是一个成熟的出版企业所必须做的基本功。

一、危机的概念、特点、类型和形成原因

1. 危机的概念

危机是指由于出版企业内部或外部的种种因素，严重损害了企业的声誉和形象，使企业陷入了强大的社会舆论的包围，并处于发展危机之下亟待改变的一种特殊的公共关系状态。例如，印刷厂污染环境、出版社的出版物有质量问题等，

这些都会对出版企业产生消极影响。"公关危机考验品牌责任,包括经济责任、法律责任、伦理责任和企业自愿履行的慈善责任等。"①

2. 危机的特点

（1）普遍性。出版企业所面临的自然环境和社会环境随时可能发生变化,由于蝴蝶效应,必然会对出版企业产生某种影响。此外,任何企业都不可能十全十美,或多或少都存在一些问题。因此,危机具有一定的普遍性。

（2）偶然性,也称"不确定性"。危机普遍存在并不意味着危机必然在某个时间、某个地点发生,危机的发生需要一些偶然因素来推动,但出版企业决不能因此而放松警惕。

（3）突发性。危机基本上都是在人们无法预测的情况下突然发生的,让企业没有心理准备,从而陷入慌乱之中。

（4）紧迫性。出版企业发生危机后,容易在社会中迅速扩散成为社会的焦点。如果出版企业反应不及时或者举措不当,形势发展会对企业越来越不利。

（5）危害性。危机事件发生时都会给出版企业的社会声誉和经济利益带来不利影响,甚至会给社会造成危害。其具体表现在:危机事件影响出版企业的日常运作,损害企业的社会信誉和形象,对企业有巨大的破坏性;在危机事件中,公众常有以偏概全、近因效应、防卫心理、流言心理等消极心理现象出现,容易对企业的行为产生怀疑和敌视的态度,从而形成对企业不利的环境氛围。

（6）可变性。危机可以发生也可以消除,如果出版企业的应对措施得当,可以在危机发生的各个阶段采取恰当的措施,尽量使损失减少到最低限度。

（7）舆论关注性,也称"公共性"。危机的爆发能够刺激人们的好奇心理,危机事件常常成为人们谈论的热门话题和新闻媒体跟踪报道的内容。企业越是回避、抵赖,越会引起各方的反应。

3. 危机的基本类型

对于出版企业来说,常见的危机事件有意外性的灾难有:疾病流行、重大工伤事故、火灾、偷盗等;产品或服务质量问题,消费者因权益受到损害的抱怨、

---

① 童兵,陈绚. 新闻传播学大辞典[M]. 北京:中国大百科全书出版社,2014:523.

投诉甚至起诉；舆论的负面报道或恶意勒索；高层人事变动或劳资纠纷引发的员工情绪的强烈对立；因企业自身行为损害社会利益而受到的舆论攻击（如环境污染），以及被故意陷害、中伤和群体性事件等。危机的发生，既可能有人为因素的作用，也可能有非人为因素的作用；既可能有企业外部的因素，也可能有企业内部的因素；可以只是因为一种因素，也可能因为几种因素共同作用的结果。

4. 危机的出版企业内部成因

一场危机的发生，往往会有一个累积渐进、从量变到质变的过程。除了自然环境因素、社会环境因素外，许多危机的产生根源往往就在企业内部，即因为内部的管理体制或人员素质导致问题演化成危机。一般来自出版企业内部的因素主要包括：管理层公共关系意识淡薄，缺乏危机管理意识；企业自身的有关决策违背公共关系的基本原则要求；极少数员工素质低下，行为严重违背企业的宗旨；企业内部缺乏规范、顺畅的传播沟通渠道。

二、危机管理的概念和基本原则

1. 危机管理的定义

尽管危机难以预测，但却可以预防；即使出现危机，也能通过采取积极有效的措施化险为夷。出版企业一旦出现危机，将是对企业经营管理能力尤其是应变能力和社会责任心的一次重大考验。是躲避公众的追问，掩盖事情的真相，逃避应负的社会责任，还是勇敢面对，同公众坦诚交流，争取公众的谅解和支持，不同的处理方式必然会导致不同的结果。而无论哪一种结果都会对出版企业产生重要的影响。这些就是危机管理所要涉及的内容。

与一般风险管理面对的潜在威胁不同，危机管理面对的是现实威胁。所谓危机管理，即针对危机所采取的一系列自救行动①，是指出版企业为应对各种危机情境所进行的规划决策、资源整合、沟通处理及员工行为协调等活动过程。其目的在于消除或降低危机所带来的威胁和损失，进而寻求公众对企业的谅解，以及预防或改变企业发展的不良状态，恢复企业正常的运行秩序，重新梳理和维持企

---

① 童兵，陈绚. 新闻传播学大辞典 [M]. 北京：中国大百科全书出版社，2014：523.

业形象。其内容主要是对危机进行预防和处理。它并不是常规性的公共关系工作，只是在出版企业发生危机时才运作。

2. 危机管理的原则

危机对于任何一个企业来说都是无法避免的，因此出版企业必须开展危机管理，使之成为公共关系活动中的一项重要内容。危机管理是一个严密的工作过程，一个从预测计划、实施执行到评估检测的动态过程。出版企业的危机管理能力是该企业的综合实力的真实反映。在具体操作过程中，必须遵守以下几项基本原则。

（1）战略先行。危机管理首先要在思想意识上下功夫，要在全体员工中树立危机意识，形成危机观念，让全体员工养成居安思危的意识，认真地研究危机的发生机制，从克服危机的角度，强化内部制度建设，制定方向明确、立足长远的危机管理战略，建立管理预警系统，从根本上克服危机。

（2）制度保障。有了危机管理战略，还要制订一系列危机管理制度并严格检查执行情况。须知人往往是靠不住的，只有科学、规范、严格的制度才可靠。

（3）预防为主。墨菲定律告诉我们，任何一个事件，只要具有大于零的概率，就不能假设它不会发生。同时，海恩法则又提示我们，任何不安全事故都是可以预防的。当一件重大事故发生后，我们在处理事故本身的同时，还要及时对同类问题的"事故征兆"和"事故苗头"进行排查处理，以此防止类似问题的重复发生，及时排除再次发生重大事故的隐患。海恩法则强调两点：一是事故的发生是量的积累的结果；二是再好的技术，再完美的规章，在实际操作层面，也无法取代人自身的素质和责任心。这些见解对我们预防危机很有启发。

企业预防危机的最好办法就是采取积极有效的预防措施，建立危机预警系统。防患于未然。"危机预警系统的重点内容是对容易引起危机的日常时间进行监控，对可能引发的苗头提高警觉。"① 一旦出现危机的苗头，必须立即采取措施。在平时要加强员工的危机管理教育与培训，使全体员工树立危机意识，懂得应对危机的一般技巧。企业可以把有关知识通过各种渠道传授给全体员工。企业

---

① 李希光，等. 发言人教程 [M]. 北京：清华大学出版社，2007：328.

在预防危机上所花费的人力、物力和财力，总会比危机来临之后所造成的损害小，因此必须把预防当作危机管理方面第一位的工作。

（4）全局为重。发生危机时，要以人为本，尽量减少企业所遭受的损失。在面临取舍时，要有所侧重，"两害相权取其轻"。要坚持全局利益优先、局部利益服从整体利益的原则，确保企业不伤元气，以便以后能重整旗鼓。

（5）敢于担责。企业要直面危机，正确对待危机，要采取"四不主义"的态度：对危机事件不回避；对涉及的问题不避实就虚；对危机事件涉及的后果不避重就轻；对自己应该承担的责任不推卸，实事求是地解决问题。

（6）积极主动。对企业而言，发生危机既是坏事，也是好事。著名的公共关系专家奥古斯丁说："每一次危机的本身既包含导致失败的根源，也孕育着成功的种子。发现、培育以便收获这个潜在的成功机会，就是危机公共关系的精髓。"出现危机后，出版企业要及时出面，妥善处理，使企业顺利渡过"危险期"。此外，要善于把坏事变为好事，通过危机事件的处理，加深公众对本企业的信任，进一步扩大企业的社会影响。

三、危机管理计划的制订及其主要内容

危机管理计划的制订是一项难度大、要求高，影响深远的工作，出版企业应该高度重视。危机管理计划一般应该由企业的决策层来负责，最好聘请危机管理专家负责制订规划。计划的制订必须以充分的市场调查、企业现状调查为基础，在此基础上分析预测可能出现的危机，并写出分析报告（必要时可以社会组织两套班子分别展开调查，各自写出分析预测报告），然后上交企业的决策层或相关专家论证分析，提出意见，待修改后形成最后的战略规划。

危机管理计划应条理清晰、层次分明、重点突出，能全面反映企业决策层的危机管理意识，能为企业正确处理危机事件提供依据，有利于强化和规范危机管理工作。

危机管理计划的主要内容包括以下内容：

（1）危机管理的重要性以及企业决策层对危机管理的重视程度；

（2）可能发生的危机类型和影响预测；

(3) 企业负责危机管理的机构设置及其组成人员;

(4) 处理危机的基本准则、工作程序和责任要求;

(5) 危机预防、处理、善后各环节的主要对策;

(6) 各阶段、各环节的监督办法和监督机构。

在实践中,危机管理计划往往分为危机管理应急计划和危机管理传播计划两个部分。所谓危机应急计划,是指企业在全面分析预测的基础上,针对出现概率较大的危机事件而制订的包含有关工作程序、补救办法(重点)、应对策略等内容的书面计划。危机传播计划是指出现危机时企业所制订的并拟通过新闻媒体传播的旨在维护本企业声誉、消除公众误解的书面计划。其侧重点是危机事件发生后企业的正面信息传播与外界负面信息的控制,其中,正面信息传播主要包括内部通报、对外声明以及新闻发布会材料,争取社会舆论的理解和支持。

四、危机出现后出版企业的基本对策

出版企业出现危机后,如何看待危机,如何正确应对乃至化解危机,考验企业的危机管理水平。而其中的中心工作就是危机传播方案的实施,向公众传播什么,何时传播,怎样传播,侧重点是什么,如何才能达到预期的效果。显然,这是一项系统工程,需要遵循科学规律,讲究操作技巧。

对于这一问题,学术界和公关实务界一直在进行理论研究和实践探索,并取得了丰硕的成果。其中由学者胡百精 2007 年提出的危机传播管理的"事实—价值"模型,该模型的核心假设是,"危机传播管理的全部问题都可归结为:在事实层面,促进危机事件的真相查证和社会组织与公众的利益互惠;在价值层面,实现社会组织与公众的信任重建和意义分享。"[①]

基于此,危机传播管理有 2 个主要路径,即事实路径(包括告知、疏导和转换三个策略)和价值路径(包括顺应、引导和重建策略)。其中,告知指的是及时向公众公开事情真相,减轻压力,还包括社会组织对危机原因做准确查证以避免做无用功;转换指的则是社会组织向公众表明本企业不会因为危机而有变化,

---

① 胡百精. 危机传播管理 [M]. 北京:中国人民大学出版社,2009:122.

争取政府部门、合作伙伴、消费者等核心利益相关者态度和行为的转换，或设法转移公众视线；顺应指的是社会组织采取合作而非对抗的态度，倾听相关公众的意见，对受害方表示同情和关爱；引导指的是社会组织面向内部公众提倡大局观念，面向外部利益相关者强调共同利益，面向新闻媒体强调公共利益；重建指的是社会组织通过再造恢复正常状态。

"事实—价值"模型从理论的高度解决了危机管理的认识论和方法论问题，在学术界和公关实务界很受重视，可以作为出版企业危机传播沟通工作的重要参考。

根据这个模型，结合公共关系实务界的实践，我们认为出版企业应对危机的正确程序是：

（1）迅速深入现场，采取措施隔离危机、控制危机，阻止事态恶化；

（2）分析判断危机的类型和对企业、公众和社会的影响，制定危机应对策略、目标和具体方案；

（3）及时向社会和新闻媒体公布真相、表明态度，通过多方沟通，削弱负面影响，加速化解敌意；

（4）安排相关人员有效实施，转危机为生机；

（5）危机过去后重建企业正面形象，争取人心。

以下列举的是出版企业针对若干对象应采取的一般对策。

1. 出版企业内部对策

（1）迅速成立由企业主要负责人牵头、有关部门人员参加的危机处理小组，收集相关信息，摸清情况，迅速确定危机的类型、特点和可能的危害程度，确定相关公众对象。

（2）制定处理危机事件的原则、程序和具体实施办法，并及时告知企业的全体员工，告诫员工要注意维护本出版企业形象；统一口径，协同行动。即用一个声音说话，不要轻易出现对企业形象不利的言论和行为。

（3）及时与媒体和公众沟通，坦诚说明事实的真相，不回避企业应承担的责任，并许下企业的承诺，体现企业处理问题的诚意，以正确引导舆论、安抚公众、化解矛盾。在与公众沟通的时候，必须尽可能地做到"3F、3T、3O"：FFF

(First person, First time, First place), 即一号人物第一时间到达第一现场; TTT (Tell You Own Tale; Tell It Fast; Tell It All), 真实性; OOO (Only One Origin), 唯一性, 即以企业为唯一权威信息来源（由企业安排的新闻发言人来对外发布有关信息）。"第一时间"一般是指事件刚发生, 外界尚不知情的时刻, 谣言还未形成和传播, 此时企业发布信息可以抢占先机, 掌握舆论主动权, 通过解释引导社会舆论的走向。因为毕竟人有"先入为主"的心理倾向。需要说明的是, 由于现在网络媒体异常发达, 人人都可能是"记者", 这不仅使得负面消息甚至谣言的来源多样化、传播速度闪电化、传播空间扩大化, 而且负面影响的放大作用空前显现, 某些局部的负面消息很可能会演变为全网的议论焦点并可能造成线下的群体事件。这对危机时期出版企业的信息传播提出了新的巨大挑战。因此, 决不能搞信息封锁那一套, 否则谣言会满天飞, 引发公众不满。

（4）调查危机事件的产生原因, 消除危机隐患, 并处理相关责任人员。

2. 危机受害者对策

（1）详细了解受害者的情况, 如有伤亡即刻就医并及时进行善后处理, 在第一时间通知家属前来, 向他们诚恳道歉。

（2）耐心、细致地听取受害者及其家属的意见, 并尽量避免与之发生冲突。依据法律和有关规定, 承担企业相应的责任并作出合理的赔偿。

3. 社区居民对策

（1）根据居民受损失和影响的程度, 派专人登门道歉, 必要时做出适当赔偿或补偿。

（2）在重要的新闻媒体上刊发企业的致歉声明, 向公众表明本企业的态度和相应的承诺。

4. 业务往来单位的对策

（1）危机发生后, 及时通报或当面解释危机事件的相关情况和企业的应对措施, 并诚恳致歉意。

（2）危机处理后, 通报对方或登门拜访并对对方的理解和支持表示感谢。

5. 媒体对策

（1）成立专门的媒体接待机构，接待和处理新闻记者的采访，不定期地主动向公众介绍情况。

（2）由媒体接待机构的专人向媒体提供经企业核实的真实准确的信息（书面材料），包括事件的总体情况、初步原因，还要表明企业对危机事件的立场和态度（或者在相关的媒体上刊载有关声明）。如果有不便发表的消息，可以向新闻记者说明理由，以取得新闻记者的谅解。发布信息时，一定要尊重事实，不做猜测，并做出适度的承诺。

（3）如果发现媒体报道有误，立即带相关材料前往沟通，要求对方更正。

（4）如果企业让与危机没有直接联系的"第三方"人士来发声，则可信性效果更好。对于出版企业来说，第三方力量一般包括：政府有关部门、行业协会、专业机构、消费者协会、公共关系专家、媒体和公众。

6. 政府部门对策

（1）危机发生后，要立即向政府有关部门汇报，努力取得对方的理解和支持。

（2）在处理危机过程中，随时汇报进展情况并接受政府部门的协助与指导。

（3）处理危机后，向政府有关部门汇报整体情况，内容包括危机发生原因、企业的对策和详细处理经过，经验教训总结，以及今后的整改措施等。

7. 顾客对策

（1）广泛收集相关信息，查明顾客的类型和特征。

（2）印发相关材料，及时而坦诚地向顾客介绍危机的基本情况。

（3）通过各种渠道，听取并汇总顾客对危机事件处理的想法。

（4）适时向顾客公布事情处理经过和企业今后的相关承诺。

总之，出版企业出现了危机的时候，要迅速做出应急反应，对公众作出权威的解释，说明真相，承认错误，承担相应的责任，尽快安抚好相关公众，力争尽快取得公众的谅解，用实际行动减少损失，平息事态，并尽快使本企业恢复正常运营。

危机过后，必须对危机管理活动进行全面评估。学者李希光认为，"评估主要有两方面的作用：一是用于测量危机给部门造成损失的程度，执行危机问责制度；二是总结从危机预警到危机修复全过程的经验教训，调整现有的管理策略，并为今后的工作保留参考依据。"①

---

① 李希光，等. 发言人教程 [M]. 北京：清华大学出版社，2007：420.

参考文献

[1] 李道平,等.公共关系学[M].2版.北京:高等教育出版社,2013.

[2] 胡百精.公共关系学[M].北京:中国人民大学出版社,2018.

[3] 陈先红.中国公共关系学[M].北京:中国传媒大学出版社,2018.

[4] 周安华,苗晋平.公共关系:理论实务与技巧[M].6版.北京:中国人民大学出版社,2018.

[5] 刘吉波,等.出版物市场营销[M].北京:中国书籍出版社,2018.

[6] 胡百精.危机传播管理[M].北京:中国人民大学出版社,2009.

[7] 张文红.出版概论[M].北京:高等教育出版社,2017.

[8] 森特.公共关系实务[M].北京:清华大学出版社,2017.

[9] 张践,等.公共关系学[M].4版.北京:中国人民大学出版社,2020.

[10] 孟繁荣.公共关系策划[M].北京:经济管理出版社,2011.

[11] 西泰尔.公共关系实务[M].北京:机械工业出版社,2004.

[12] 赵轶.公共关系实务[M].北京:人民邮电出版社,2022.

[13] 李希光,等.发言人教程[M].北京:清华大学出版社,2007.

[14] 居延安.公共关系学[M].上海:复旦大学出版社,2001.

[15] 熊卫平.危机管理:理论.实务.案例[M].浙江:浙江大学大学出版社,2012.

[16] 余江涛.走向未来的出版[M].江苏:南京大学出版社,2021.

[17] 张梅贞.网络公共关系[M].武汉:武汉大学出版社,2014.

[18] 张立,等.出版业知识服务转型之路[M].北京:社会科学文献出版社,2019.

[19] 谢巍.商业模式创新与出版业转型升级研究[M].北京:文化发展出版社,2020.

[20] 何伟祥.公共关系原理与实务[M].大连:东北财经大学出版社,2002.

[21]魏玉山.国际出版业发展报告[M].北京:中国书籍出版社2021.

[22]童兵,陈绚.新闻传播学大辞典[M].北京:中国大百科全书出版社,2014.

[23]魏玉山.国际出版业发展报告[M].北京:中国书籍出版社,2021.

[24]巴斯卡尔.内容之王:出版业的颠覆与重生[M].北京:机械工业出版社,2017.

[25]韩生华.我国出版企业社会责任报告研究[M].北京:人民出版社,2017.

[26]陆颖.当前出版企业转型问题研究[M]北京:中国传媒大学出版社,2016.

[27]陈亮.出版企业战略与管理发展[M].上海:上海古籍出版社,2020.

[28]魏翠芬.公共关系理论与实务[M].北京:北京交通大学出版社,2021.

[29]吕维霞.案说公共关系[M].北京:对外经贸大学出版社,2002.

[30]冯丙奇.媒体关系:策略与操作[M].北京:清华大学出版社,2012.

[31]博格.说服[M].北京:中国市场出版社,2009.

[32]曾琳智.新编公共关系学[M].3版.上海:上海财经大学出版社.2016.